Focal den Fhírinne : A Grain of Truth

Celia de Fréine (signature)

Celia de Fréine

FOCAL DEN FHÍRINNE
A GRAIN OF TRUTH

Afterword : Iarfhocal
Claire Dunne

ARLEN
HOUSE

Focal den Fhírinne : A Grain of Truth

Foilsithe in 2024 ag

ARLEN HOUSE
42 Grange Abbey Road
Baldoyle, D13 A0F3
Éire
Fón: 00 353 86 8360236
Ríomhphost: arlenhouse@gmail.com
www.arlenhouse.ie

978–1–85132–322–7, bog

Dáileoirí idirnáisiúnta
SYRACUSE UNIVERSITY PRESS
621 Skytop Road, Suite 110
Syracuse
New York 13244–5290
USA
Fón: 315–443–5534
Ríomhphost: supress@syr.edu
www.syracuseuniversitypress.syr.edu

Clóchur ¦ Arlen House

Grianghraif an chlúdaigh: Amedeo Modigliani
Cloigeann Jeanne Hébuterne/Head of Jeanne Hébuterne

Tá Arlen House buíoch de
Chlár na Leabhar Gaeilge
agus d'Fhoras na Gaeilge

Foras na Gaeilge

Contents : Clár

I ndilchuimhne ar mo mháthair,
Mary Walsh 1925–2000

A Grain of Truth

FOCAL DEN FHÍRINNE

WHAT IS CAPTURED

She would like her life and that of her child
to remain as captured today – she in her Sunday
best, her child pretty in hand-me-downs,

clutching a doll – but knows her child's smile
is fake as the blue sky on the wall behind them.
Once the shutter clicks and the doll is returned,

disappointment will spread through the room,
shutting them into a future no bigger
than the camera placed before them.

A Bhfuil Gafa

Ba bhreá léi dá bhfanfadh a saol agus saol a hiníne
mar a ghabhtar inniu iad – ise ina gúna Domhnaigh,
a hiníon ghleoite in éadaí athláimhe, greim aici

ar bhábóg – ach tuigtear di go bhfuil a meangadh siúd
chomh bréagach céanna le gorm na spéire ar an mballa
taobh thiar díobh. A luaithe a chliceálann an comhla

is a thugtar an bhábóg ar ais, leathfaidh díomá
tríd an seomra, á sáinniú i dtodhchaí ar aon mhéid
leis an gceamara suite os a gcomhair amach.

ON THE BEACH

She undoes the clasp on her Tara Brooch,
slips from tweed waulked by islandwomen.

Silk, spun from a thousand worms, falls
from her limbs. The ocean licks her feet

and, as she pushes her way further out,
the mantle of her needs is rinsed, seam

upon seam by the incoming tide. On her
return she is drowned in a chorus of primroses.

AR AN TRÁ

Scaoileann sí an claspa ar a Dealg Teamhrach,
sleamhnaíonn as bréidín craptha ag banoileánaigh.

Titeann síoda, sníofa de mhíle péist,
óna géaga. Líonn an t-aigéan a cosa

agus, de réir mar a bhrúnn sí a bealach
níos faide amach, sruthlaíonn an taoide thuile,

uaim ar uaim, fallaing a riachtanas.
Ar fhilleadh di, báitear i gcór sabhaircíní í.

THE PIANO

Christmas had passed and it was spring – according
to the calendar – though the woman could feel frost
in the air as she tucked a coat around her child's quilt.

It was then she heard a volley of shots and a scuffle
outside. A voice announced the settlement had been
surrounded and all buildings were to be evacuated.

Through the window she saw rebels with guns and torches
– the last house in the row was already ablaze. She grabbed
her child, and her younger brother guided them outside.

He and the elders moved in and out
of their homes, salvaging what they could.
She watched him carry out chairs, a kettle,

bed linen, the child's crib, the small writing desk.
He shouted that the table was too heavy, as was
the wardrobe. When she saw the piano stool she knew.

They stood and watched the blaze – he clutching a portrait
of the country's Redeemer, she clutching her child –
who was colder now and had begun to cough.

As the fire raged, words from the songs she might have
played rose above them, and crotchets and quavers
mixed with the snowflakes that had begun to fall.

An Pianó

D'imigh an Nollaig is bhí an t-earrach buailte leo –
dar leis an bhféilire – ach bhí an bhean in ann sioc
a bhrath san aer, cóta á shocrú aici os cionn chuilt a hiníne.

Ba ansin a chuala sí rois urchar á scaoileadh agus gráscar
lasmuigh. D'fhógair guth go rabhthas tar éis an lonnaíocht
a thimpeallú is gur ghá chuile fhoirgneamh a thréigean.

Tríd an bhfuinneog chonaic sí reibiliúnaigh le gunnaí
is tóirsí – bhí an teach deireanach sa tsraith trí thine
cheana féin. Rug sí greim ar a hiníon agus threoraigh
   a deartháir beag amach iad.

Bhog seisean is na seanóirí isteach is amach as a dtithe,
ag tarrtháil a raibh ar a gcumas. Bhreathnaigh sí air,
cathaoireacha, citeal, éadaí leapa, cliabhán an linbh,

an deasc bheag scríbhneoireachta, á n-iompar aige.
Bhéic sé go raibh an bord róthrom, mar aon leis an
vardrús. Ar fheiceáil an stól pianó di, thuig sí.

Sheas siad ansin ag breathnú ar an dóiteán, greim aige
ar phortráid Shlánaitheoir na tíre, greim aici ar a hiníon –
a bhí préachta faoin am seo is ag casacht.

De réir mar a réab an tine, chuala sí focail na n-amhrán
a d'fhéadfadh sí a chasadh ag éirí os a gcionn, na croisíní
is na camáin á meascadh leis na calóga sneachta
   a bhí díreach ag titim.

WATCHING THE GATE

The girl sits by the window, watching
the gate. If the person, about to leave,
closes it after them it will clang when
the next arrives, but if that person is in

a hurry and forgets to close it, the girl
will have to lay her comic aside and glue
her eyes to the garden path so that none
can reach the front door unannounced.

She sees people hurry down the road
in groups of three or four and asks herself
what do they have to say to each other
that's so urgent it must be discussed in public?

The wind rises now and then, lifting
their words, casting them through the gap
between window and frame. The girl longs
to be tall enough to grab hold of them

as they bubble towards the rafters or,
brave enough to skip down the path,
latch onto one of the groups,
as they decide on their destination.

AG FAIRE AN GHEATA

Suíonn an ghirseach le hais na fuinneoige ag faire
an gheata. Má dhúnann an duine ar tí imeacht
ina dhiaidh é, cleaingeálfaidh sé ar theacht
an chéad duine eile ach, má tá an té sin faoi dheifir

is má fhágann ar oscailt é, beidh ar an ngirseach
a greannán a fhágáil i leataobh, a súile a ghreamú
de chosán an ghairdín le nach mbeidh éinne in ann
an doras tosaigh a bhaint amach gan choinne.

Tugann sí daoine faoi deara ag brostú síos
an bóthar i ngrúpaí triúir nó ceathrair
is fiafraíonn di féin céard atá le rá acu le chéile
atá chomh práinneach sin gur gá é a phlé go poiblí?

Éiríonn an ghaoth anois is arís, ag ardú
a gcuid focal, á gcaitheamh tríd an mbearna
idir an fhuinneog is an fráma. Is fada leis
an ngirseach a bheith sách ard breith orthu –

iad ag éirí ina súilíní i dtreo na rachtaí nó,
sách cróga imeacht de phreab síos an cosán,
í féin a ghreamú de ghrúpa amháin,
fad a chinneann siad ar a gceann scríbe.

FLIGHT

As you escape you think of what lies
ahead – the opportunities, the comfort.

The challenges that must be faced
never cross your mind, nor the sacrifices

to be made, the cost of negotiating
with those you have yet to meet,

not to mention the stories composed
about you in the place abandoned.

TEITHEADH

Agus tú ar do theitheadh smaoiníonn tú ar a bhfuil
romhat amach – na féidearthachtaí, an compord.

Ní thugann tú aird ar bith ar na dúshláin ar gá
iad a shárú, na híobairtí ar gá iad a dhéanamh,

an costas a bhainfidh le hidirbheartaíocht
leo siúd nár casadh fós ort,

gan trácht ar na scéalta
a chumfar fút san áit a tréigeadh.

Their Fill

There was no rumour to precede the soldiers –
they had not been sighted in the nearby town
as no inmate had managed to leave the camp.

Even though the gate was unlocked, none
was strong enough to set out, nor would any
have known in which direction to walk.

When the soldiers reached the camp the inmates
were surprised by the announcement they had been
liberated, by the flag hoisted above them, the kindness

shown, especially to the children. The gift of food
astonished them also, though many were to discover
they had lost the ability to tell when they had had their fill.

A NDÓTHAIN

Ní raibh ráfla ar bith roimh na saighdiúirí –
ní fhacthas sa bhaile in aice láimhe iad
mar nár éirigh le haon chime an campa a fhágáil.

Cé gur baineadh an glas den gheata
ní raibh éinne acu sách láidir cur chun bóthair
ná ní bheidís ar an eolas faoi cén treo le siúl.

Nuair a shroich na saighdiúirí an campa, b'ábhar iontais
do na cimí an fógra gur scaoileadh saor iad, an bhratach
a ardaíodh os a gcionn, an cineáltas a rinneadh,

go háirithe ar na páistí. Bhain bronntanas an bhia siar
astu freisin, cé go dtuigfí do go leor acu ar ball nach raibh
ar a gcumas a aithint níos mó nuair a bhí a ndóthain acu.

A Visit to the Circus

The girl would like to pause, watch
the man swallow fire, his companion
swing from a rope by her ankle, but
Uncle has seen it all before. Many times.

She holds fast to his hand as they move
around the back of the big top to witness
what none has seen before and queue
as the crowd wends its way to a shed
where the man in front shouts:
The calf has six legs? So what?

Had the extra legs stuck out
of the animal's head like horns, or out
of its side like wings, the girl might have
been impressed, but they're stuck
to its rump and of no use whatsoever.

Uncle is annoyed at her disappointment –
he has queued up, paid the entrance fee.
She should have known to pretend –
he's a man who stands in the cinema
as soon as the horses gallop into the sunset,
leaves before the credits roll and the audience
rises to sing *God Save the Queen*.

Ba bhreá leis an ngirseach fanacht, breathnú
ar an bhfear ag alpadh tine, ar a chomhluadar
ar luascadh ó rópa lena rúitín, ach tá sé go léir
feicthe ag Uncail cheana. Na mílte uair.

Coinníonn sí greim docht ar a lámh agus iad
ag bogadh taobh thiar den phuball mór
go bhfeicfidh siad nach bhfaca éinne cheana.
Ciuálann siad fad a ghluaiseann an slua
go bothán, áit a mbéiceann an fear rompu:
Tá sé chos ar an lao? Céard faoi?

Dá mbeadh na cosa breise ag gobadh amach
as cloigeann an lao, ar nós adharc, nó as a taobh
ar nós sciathán, seans go mbeadh iontas
ar an ngirseach. Ach tá siad greamaithe
·dá thóin, gan maith ar bith iontu.

Goilleann a díomá ar Uncail – chiúáil sé,
d'íoc an táille iontrála. Ba chóir di ligean uirthi –
is fear é a sheasann sa phictiúrlann a luaithe
a théann na capaill ar cosa in airde i dtreo
dhul faoi na gréine, a fhágann sula gcraoltar
na creidiúintí is a éiríonn an lucht féachana
le *God Save the Queen* a chasadh.

THE PHILANTHROPIST

The waiter stands by the door, watching her
through the lace curtain as she peruses the menu.

There are many like her who walk from
one end of the street to the other, stopping

outside every café, before crossing
and doing the same on the other side,

searching for the cheapest meal in the hope
of saving a couple of francs, even though

the early birds always cost the same.
He reckons she'd like the onion soup.

She's thin as a rake, her clothes
are worn nor has she any overcoat.

He imagines bringing her home, giving
her a good feed, then making love to her.

One morning he spots her on Rue Monge –
wrapped in a huge overcoat.

He follows her down the back streets,
watches her wait in a *boulangerie*

while the baker fills a bag with
baguettes and croissants.

Next she stands by a fruit and vegetable stall
until handed a bag of apples and grapes,

An Daonchara

Seasann an freastalaí taobh leis an doras á breathnú
tríd an gcuirtín lása, an biachlár á scrúdú aici.

Bíonn go leor cosúil léi a shiúlann ó bhun
go barr na sráide, ag stopadh lasmuigh

de chuile chaifé, sula dtrasnaíonn siad chuig
an taobh eile, an rud céanna á dhéanamh acu –

an béile is saoire á chuardach – le go
bhféadfaidh siad cúpla franc a shábháil,

cé gur mar an gcéanna i gcónaí iad na béilí mochóirí.
Dar leis go dtaitneoidh an t-anraith oinniún léi.

Tá sí chomh caol le slat, a cuid éadaí smolchaite,
ná níl aon chóta mór aici.

Ba bhreá leis í a thabhairt abhaile,
dea-bhéile a réiteach di, luí léi ina dhiaidh.

Maidin amháin tugann sé faoi deara
ar Rue Monge í – cuachta i gcóta mór.

Leanann sé trí na cúlsráideanna í,
breathnaíonn uirthi ag fanacht

in *boulangerie* fad a líonann an báicéir
mála le *baguettes* is *croissants*.

Ansin seasann sí taobh le stainnín torthaí is glasraí
go mbronntar uirthi mála úll is fíonchaor,

one of avocados and tomatoes.
He wants to rush forward to help –

most of all he wants to get her into bed.
They're near the river now –

he fancies he can hear a lion roar.
She keeps on until she reaches a courtyard

overlooked by the ruins of a church.
A whistle sounds and a horde of unkempt

children emerges from the rubble and wolfs
down the food. When they have finished

she wraps her coat around the smallest of them,
turns to him and says: *I'll have that soup now.*

ceann le habhacáid is trátaí. Cé go bhfuil sé
ar bís cuidiú léi, thar aon ní eile,

teastaíonn uaidh í a thabhairt chun na leapa.
Tá siad in aice na habhann anois.

Ceapann sé go gcloiseann sé leon ag búireadh.
Coinníonn sí uirthi go sroicheann clós a bhfuil

radharc anuas ag fothrach eaglaise air.
Séidtear feadóg. Amach as an smionagar le slua

gasúir ghiobacha a alpann an bia.
Iad críochnaithe, cuachann sí

an duine is lú acu ina cóta, casann chuige
is deir: *Beidh an t-anraith sin agam anois.*

THE PRICE

When the policeman offers to take the place
of the hostage, he doesn't stop to think of his wife

who, afterwards at the morgue, will curse
the wife of the man he gave his life for

or, that when a squad car pulls up outside
the house of the woman in question,

and she is reunited with her loved one,
it won't cross her mind to remember

the farmhand – bought for a handful of silver –
who took her great grandfather's place

in the war, whose blood was shed
into a river that continues to burst its banks.

AN PRAGHAS

Nuair a thairgeann an póilín áit an ghéill
a ghlacadh, ní smaoiníonn sé ar a bhean

a chuirfidh mallacht sa mharbhlann ar ball
ar bhean an fhir ar thug sé a bheatha ar a shon

ná ar an scuad-charr ag druidim
le teach na mná úd,

í agus a leannán á dtabhairt le chéile arís –
ná gur beag an baol go smaoineoidh sise

ar an oibrí feirme – a ceannaíodh
ar dhorn airgid – a ghlac áit a sin-seanathar

sa chogadh, ar doirteadh a chuid fola
isteach in abhainn atá fós á cur thar maoil.

THE WHITE BOARD

The girl had been warned time and again
if doubt were cast on her background

or if she hinted at what went on
between them, they would have to move

and, if they did, she would not be allowed
attend school in the next town.

In spite of her classmates' bullying,
she managed to learn to read and write.

On the last day before the summer
break she thought of the days

that stretched ahead – the bed bugs,
the bites, being dispatched

pale and blotchy to the shop
for beans, bread, milk and whiskey.

When the teacher summoned her
to the white board to write a sentence, she wrote:

Im afraid the man in the chec shirt is goin to kill me
The teacher applauded her effort and, when

the bell rang, everyone rushed out the door.
Her sentence remained there until

erased by the cleaners while readying
the room for the following term –

AN CLÁR BÁN

Tugadh foláireamh don ghirseach arís
is arís eile dá gcaithfí amhras ar a cúlra

nó dá dtabharfadh sí leid ar bith, faoina mbíodh
ar siúl eatarthu, bheadh orthu bogadh

agus, dá mbeadh, ní thabharfaí cead di
freastal ar scoil sa chéad bhaile eile.

Ainneoin bhulaíocht a comhdhaltaí,
d'éirigh léi léamh agus scríobh a fhoghlaim.

Ar an lá deireanach roimh bhriseadh
an tsamhraidh smaoinigh sí ar na laethanta

a shín amach roimpi – na míolta,
na greamanna, í á cur, mílítheach,

balscóideach, chuig an siopa i gcomhair
pónairí, arán, bainne agus fuisce.

Nuair a ghlaoigh an múinteoir chuig an gclár bán í
le habairt a scríobh, bhreac sí:

Ta faitis orm go bhuil an fear sa leine sheic chun me a mharu
Thug an múinteoir bualadh bos dá hiarracht agus, nuair

a bhuail an clog, rinne chuile dhuine ar an doras.
D'fhan a habairt ansin gur

bhain na glantóirí í, an seomra
á réiteach acu don chéad téarma eile –

by which time there was
neither sight nor sound of the girl.

ach faoin am sin ní raibh tásc
ná tuairisc ar an ngirseach.

CONVERSATIONS

I own something not many others own – a secret room
that contains a cupboard and, within that cupboard,
shelves of conversations I engaged in down the years.

Lately, I've got into the habit of stealing into that room
under cover of dark, rummaging through the shelves,
listening to the conversations, before going to bed.

Their subject matter isn't too cheerful – much of it
concerns what was denied me – as given in evidence
from the dock against those who robbed me of my health.

Each time I hear of a child whose life is compromised,
of a young mother under sentence of death, or one
who has lost her child – all through medical negligence –

I despise this country and regret not having left it
years ago when I had the chance, imagining
the life I might have led elsewhere.

Who's to say that life would have been any better?
The shelves in my cupboard might be full
of conversations I couldn't bear to listen to.

Rendering me grateful I live in a country,
where, at least, I have the right of reply.

COMHRÁITE

Is liomsa ní nach le mórán daoine eile é – seomra rúnda
ina bhfuil cófra agus, laistigh den chófra, seilfeanna lán
le comhráite a raibh mé páirteach iontu thar na blianta.

Le deireanaí, bíonn sé de nós agam téaltú isteach sa
seomra faoi scáth na hoíche, póirseáil trí na seilfeanna,
éisteacht leis na comhráite, sula dtéim a luí.

Níl ábhar na gcomhráite róshona. Baineann a mhórchuid
leis an méid a coscadh orm, mar a thug mé ón ngabhann
i bhfianaise orthu siúd a sciob mo shláinte uaim.

Chuile uair a chloisim faoi leanbh ar truaillíodh a shláinte,
faoi mháthair óg, a bhfuil pianbhreith shaoil i ndán di, nó
máthair a chaill a leanbh – mar thoradh ar fhaillí leighis –

bíonn gráin agam ar an tír seo, aiféala orm nár thréig mé
na blianta ó shin í, am a raibh an deis agam, an sórt saoil
a d'fhéadfadh a bheith agam in áit eile á shamhlú.

Cá bhfios go mbeadh an saol sin níos fearr? Seans
go líonfaí seilfeanna mo chófra le comhráite
nach bhféadfainn éisteacht leo. Ag cur ina luí orm

gur ghá dom a bheith buíoch go bhfuil cónaí orm
i dtír ina bhfuil, ar a laghad, cead aighnis agam.

37

FEATHER BOY

At times the boy thinks of his bed –
the eiderdown, the warming pan.

He never imagined he'd have
to spend his days asleep in a tree

or steal through the forest by night,
survive on the raw flesh of snared animals.

He can tell the difference between
the screech of a bird and the signal

from a partisan that an enemy has
been felled and it's time to move

forward, hold a feather under his nose,
count to one hundred. Only once did

the feather sway and the boy have to
signal that the job needed to be finished.

The partisans talk of how they will re-capture
the town, execute the enemy, rape their women.

The boy plans to head to the nearest port,
seek passage on a ship about to set sail,

stand on deck, watch the gulls glide,
ignoring any feather that lands at his feet.

BUACHAILL AN CHLEITE

In amantaí cuimhníonn an buachaill ar a leaba –
an fannchlúmh, an panna teolaí.

Níor taibhríodh dó ariamh go mbeadh air néal
a chodladh i gcrann i rith an lae nó tealtú tríd

an bhforaois faoi choim na hoíche, ag maireachtáil
ar fheoil amh ainmhithe a gabhadh i ngaiste.

Is féidir leis idirdhealú a dhéanamh
idir scréach éin agus comhartha

ó pháirtiseán go bhfuil air bogadh
chun tosaigh, cleite a choinneáil

faoi shrón namhaid a leagadh, comhaireamh
go dtí an céad. Aon uair amháin

a luasc an cleite is bhí ar an mbuachaill
comharthú gur ghá an jab a chríochnú.

Labhraíonn na páirtiseáin faoin mbaile a athghabháil,
an namhaid a chur chun báis, a mhná a éigniú.

Tá sé mar rún ag an mbuachaill siúl chuig an gcalafort
is gaire, pasáiste a lorg ar long ar tí a seol a chrochadh,

seasamh ar an deic, breathnú ar na faoileáin ar foluain,
neamhaird a thabhairt ar aon chleite a leaindeálfaidh
    ag a chos.

COLOURS

You think of the times your mother left
the house – to have a baby, attend
her father's funeral, bring you to a film.

Though the film was in black and white,
you remember the yellow in the cornfield
where a mother and her son hid.

The green in the uniform of the soldier
who captured them. The grey in the smoke
from the train that whisked the mother away.

The red in the jam on the breakfast table
in the boy's new home. The blue in the sky
from his bedroom window.

The white in the cloud that stole
the memory of his mother. The green
in his adoptive father's uniform.

The brown in the eyes of his mother
when she returned. The opacity
in the reason your mother chose that film.

DATHANNA

Smaoiníonn tú ar na hamantaí a d'fhág do mháthair
an teach – le leanbh a shaolú, freastal ar shochraid
a hathar, tú a thabhairt chuig scannán.

Cé go raibh an scannán dubh agus bán,
is cuimhin leat an buí sa ghort arbhair
ina ndeachaigh máthair agus a mac i bhfolach.

An glas in éide an tsaighdiúra a ghabh
an bheirt acu. An liath sa deatach
ón traein a sciob an mháthair léi.

An dearg sa subh ar an mbord bricfeasta
i mbaile nua an ghasúir. An gorm
sa spéir ó fhuinneog a sheomra leapa.

An bán sa scamall a ghoid
cuimhne a mháthar.
An glas in éide a athar uchtála.

An donn i súil a mháthar ar fhilleadh di.
An teimhneacht san fháth
ar roghnaigh do mháthair an scannán sin.

ON A WET NIGHT

She cooked dinner as usual, served it,
put the children to bed, read them a story.

Taking the paper from her husband,
she folded it, placed it on the coffee table,

emptied the ashtray into the fire,
arranged the guard in front of it, put on

her oldest hat and coat, stuffed her savings
into her bag and pulled the door after her.

She chose the back streets as they were
the worst lit and unlikely to have CCTV

or doorbell cameras, and made it
down to the docks without incident.

The children were surprised the next morning when
their breakfast wasn't ready or their lunches packed.

Her husband was angry that his fresh
shirt hadn't been laid out, her employer

livid that no one had turned up to clean
the toilets or the tables in the pub.

Her neighbours, convinced she had been taken,
wondered why her husband didn't report her

missing to the police. Her husband knew well
they would accuse him of getting rid of her.

AR OÍCHE FHLIUCH

Mar ba ghnách léi, réitigh sí an dinnéar,
dháil é, chuir na gasúir ina luí, léigh scéal dóibh.

Ag glacadh an nuachtáin óna fear,
d'fhill is leag ar an mbord caife é.

D'fholmhaigh sí an luaithreadán sa tine,
shocraigh an sciath os a comhair,

chuir uirthi a cóta ba shine, sháigh a raibh
i dtaisce aici ina mála is amach an doras léi.

Roghnaigh sí na cúlsráideanna faoi sholas fann –
ba bheag seans go raibh TCI iontu

nó ceamaraí cloigín dorais – is bhain
na dugaí amach gan tada as bealach.

Baineadh preab as na gasúir an mhaidin dar gcionn
nuair nach raibh a mbricfeasta réidh ná a lóin réitithe.

Bhí a fear ar buile nár leagadh
amach a léine úr, a fostóir spréachta

nár tháinig éinne chun na leithris
ná na boird sa phub a ghlanadh.

Bhí a comharsana den tuairim gur gabhadh í – níor thuig
siad cén fáth nár thuairiscigh a fear do na póilíní

go raibh sí ar iarraidh. Thuig a fear go maith
go gcuirfí ina leith go bhfuair sé réidh léi.

Still, the neighbours printed posters,
organised search parties, sniffer dogs.

But the night had been so wet there was
no trace of her. Just as she had planned.

Fós féin, phriontáil na comharsana póstaeir,
d'eagraigh buíonta cuardaigh, madraí bolaíochta.

Ach bhí an oíche chomh fliuch sin nár fhág sí
lorg ar bith. Faoi mar a bhí mar rún aici.

The Wireless in Wartime

When the blind woman was evicted,
the widow with five daughters was
the only one willing to take her in.

Even though the daughters had
to squeeze into one bedroom
with their mother, they were

delighted – their lodger brought
her wireless with her. She taught
them to unravel old cardigans,

rewind wool that wasn't threadbare
into skeins, and knit striped
pullovers that were the talk of the town.

They worked while the wireless
crackled in the background and a voice
gave an account of casualties, stressing

that their side held the upper hand.
There was mention of the weapons
used, description of the latest bombs –

facts which meant nothing to the girls
or the blind woman. Neighbours went
to work in the city and never came back.

Children from a foreign country
settled on a farm out the road –
they had more to do than knit –

AN RAIDIÓ IN AIMSIR CHOGAIDH

Nuair a cuireadh an bhean dhall amach
as a teach, ba í an bhaintreach le cúigear iníonacha
an t-aon duine toilteanach í a thógaint isteach.

Cé go raibh ar na híníonacha iad féin
a bhrú isteach in aon seomra leapa
in éindí lena máthair,

bhí ríméad orthu – thóg an lóistéir
a raidió léi. Theagasc sí dóibh
seanchairdeagain a roiseadh,

olann nach raibh smolchaite a athchasadh
i scáinní, is geansaithe, nach raibh ach iad
i mbéal an phobail, a chniotáil.

D'oibrigh siad leo, an raidió
ag cnagarnach sa chúlra, fad a thug
guth tuairisc faoinar gortaíodh, ag áitiú

go raibh an lámh in uachtar ag a dtaobhsa.
Bhí caint faoi na gléasanna troda a úsáideadh,
cur síos ar na buamaí ba dheireanaí –

fíricí nár thug na cailíní nó an bhean dhall
suntas orthu. Chuaigh comharsana
ag obair sa chathair is níor fhill.

Chuir gasúir ó thír iasachta fúthu
ar fheirm siar an bóthar – bhí níos mó
ná cniotáil le déanamh acusan – bhí orthu

they had to dig trenches for latrines, repair
the building where they slept, grow vegetables,
milk cows, chop trees for firewood.

Nor did they have a wireless to listen to.
When the eldest boy from the farm
met the middle daughter at a class

in the technical college they didn't
talk of remade garments, news bulletins
or the digging of latrines.

She told him about the programme
that played music, broadcast after dinner
on Sunday. Music they would dance to

when the peace accord had been signed,
the cardboard insoles in their boots keeping
their feet from touching the ground.

díoga a thochailt i gcomhair leithreas, an foirgneamh
inar chodail siad a dheisiú. Glasraí a chothú,
ba a chrú, crainn a leagan i gcomhair brosna.

Ná ní raibh raidió acu le héisteacht leis.
Nuair a chas an buachaill ba shine ón
bhfeirm leis an meániníon ag rang

sa choláiste teicneolaíochta, níor labhair siad
faoi éadaí athchruthaithe, ráitis nuachta
ná tochailt leithreas.

D'inis sí dó faoin gclár inar seinneadh
ceol, a craoladh tar éis an dinnéir
Dé Domhnaigh. Ceol a ndamhsóidís leis

an comhaontú síochána sínithe,
a gcosa á gcoinneáil ón talamh
ag na bonna cártchláir ina mbuataisí.

THE POND

When the temperature dropped most people
stayed home, ate what was left in the larder,

filled their hot water bottles, lit what
little fuel they had and watched it burn.

When both fuel and food had run out the children made
for the park and pelted passersby with snowballs.

Most realised the ice on the lake was
too thin to walk on but some needed proof.

They threw cans, beer bottles, fallen branches onto
it but their missiles failed to crack the surface.

One boy stayed behind after the others.
He walked onto the ice, lit the mound of debris

with matches pilfered from his father and felt
warm for the first and last time that winter.

An Lochán

Nuair a thit an teocht d'fhán formhór na
ndaoine sa bhaile, d'ith a raibh fágtha sa lardrús,

líon a mbuidéil te, las cibé breosla
a bhí acu is bhreathnaigh air á dhó.

An breosla agus an bia ídithe, rinne na gasúir ar an bpáirc,
chaith liathróidí sneachta orthu siúd ag dul thar bráid.

Cé gur thuig go leor acu go raibh an leac oighir
ar an lochán róthanaí le siúl air, bhí cruthúnas ó chuid acu.

Chaith siad cannaí, buidéil beorach is brosna air
ach theip ar a ndiúracáin an dromchla a scoilteadh.

D'fhan buachaill amháin tar éis dá chompánaigh imeacht.
Shiúil ar an leac oighir, las an carn smionagair

le cipíní solais a goideadh óna athair is bhraith teolaí
don chéad is don uair dheireanach an geimhreadh sin.

THE PITCHER

The evening I came home from the hospital
I trimmed the bouquet *he* had given me, placed
the flowers in a pitcher, ran the tap into it until
it was full to the brim. Not any old pitcher –
a Louis Mulcahy piece in muted blue with beige
shapes bursting through the surface colour.
Like what you'd see on shore when the tide
was going out and the occasional mound of sand
poked out of the water. You were in one of your
moods – pleased to see me, with a mouthful
of questions you could neither ask nor swallow.

Bloodied rays of sun moved past the window
and the room filled with dusk. So grey
I couldn't see. When I rose, intending
to switch on the light, I stumbled and knocked
over the pitcher. The pitcher itself didn't break
or chip. The flowers were undamaged apart
from a leaf or two that got bent. Water surged
across the floorboards but the varnish kept
it from seeping through to the basement.

By then I had turned on the light. Instead
of closing the shutters I sat back down
and stared at the puddle, willing the water
to flow back into the pitcher, willing
the pitcher to right itself. Neither happened.
Nor was my transgression washed away.

AN CRÚISCÍN

An tráthnóna a d'fhill mé ón ospidéal bhearr mé
an chrobhaing a thug seisean dom, leag
na bláthanna i gcrúiscín, scaoil an sconna isteach ann
go raibh sé lán go bruach. Níor aon seanchrúiscín é
ach píosa Louis Mulcahy i ngorm fann,
cruthanna béasa ag brúchtadh as an mbarrdhath.
Mar a bheadh le feiceáil ar chladach, an taoide
ag trá is corrthulach gainimh ag gobadh amach
as an bhfarraige. Bhí drochspion ort – ríméad ort
go raibh mé ar ais sa bhaile, do bhéal lán le ceisteanna
nach bhféadfá a chur nó a shlogadh siar.

Ghluais gathanna fuilteacha gréine trasna na fuinneoige
gur líon an seomra le coineascar a bhí chomh liath sin
nách bhféadfainn aon cheo a fheiceáil. Ar éirí dom
leis an solas a lasadh, baineadh tuisle asam is leag mé
an crúiscín. Níor bhris sé nó níor baineadh
scealpóg as. Ná ní dhearnadh dochar do na bláthanna,
seachas do dhuilleog nó dhó a stróiceadh. Shnigh
an t-uisce thar na cláir urláir ach chosc an vearnais
air sileadh anuas chuig an íoslach.

Faoin am sin bhí an solas lasta agam. In ionad
na comhlaí a dhúnadh shuigh mé síos an athuair
is bhreathnaigh an lochán, ag guí go snífeadh
an t-uisce ar ais sa chrúiscín, ag guí go gceartódh
an crúiscín é féin. Níor tharla ceachtar den dá rud.
Nó níor glanadh ar shiúl mo chion.

LANDFILL

When the communications centre decided to close
its library all books had to be disposed of.

Management ordered the librarian to attend to the task,
promising she could retrain as a newsroom gofer.

None of the staff was interested in any book – the shelves
in their apartments were full of electronic gadgets and sex
     toys.

There was nothing for it but to hire a skip, pack it
with books to be dumped in the landfill by the shore.

The librarian was pleased when the new park was built –
with its cycle path and benches under which characters,

both real and imagined, fought with each other,
though not as viciously as those in the newsroom.

Her favourite bench was the one in the middle
from which she could watch the sunset, her view

interrupted now and then by children on their way
home, their schoolbags empty but for their lunch boxes.

Líonadh Talún

Nuair a chinn an lárionad cumarsáide a leabharlann
a dhruidim, ba ghá fáil réidh leis na leabhair uile.

D'ordaigh an Bhainistíocht don leabharlannaí déileáil
leis an tasc, ag geallúint di í a athoiliúint mar ghiolla
   nuachtlainne.

Ní raibh suim ag éinne ar an bhfoireann glacadh le leabhar
ar bith – bhí na seilfeanna ina n-árasáin lán le gairis
   leictreonacha is bréagáin ghnéis.

Fágadh nach raibh aon rogha ann ach scip a hireáil
is a phacáil le leabhair le dumpáil sa líonadh talún
   cois cladaigh.

Bhí ríméad ar an leabharlannaí nuair a tógadh an pháirc
nua – lena raon rotha agus bínsí faoinar throid carachtair

idir fhíor is shamhailteach lena chéile, ach ní ar
bhonn chomh fíochmhar leosan sa nuachtlann.

An binse arbh fhearr léi an ceann sa lár óna bhféadfadh sí
an ghrian a bhreathnú ag dul faoi, a radharc á bhriseadh

ó am go ham ag gasúir ar a mbealach abhaile,
a málaí scoile folamh cé is moite dá mboscaí lóin.

THE HISTORY LESSON

The hotel manager thinks it strange she should
want to visit the Museum of Revolution – not

that it would be difficult to find. She has read
it's the most imposing edifice in the city,

located on the most elevated street.
Why rake through all that nonsense

that happened centuries ago? he asks –
when the poor stormed the mansions

of the rich, plundered their contents,
imprisoned their owners, tried them in

mock courts, condemned them to death?
He stares at her as though she were another mad

tourist on a mission to be entertained by ghoulish
images of fallen nobility, riddled with bullets.

Nothing could be further from the truth – the sight
of blood sickens her. She wants to understand

the living – find out what drives a hotel manager
into such a frenzy as to deny his country's history.

An Ceacht Staire

Dar leis an mbainisteoir óstáin gur ait go dteastódh
uaithi cuairt a thabhairt ar Mhúsaem na Réabhlóide

– ní hé go mba dheacair teacht air. Léigh sí
gurb é an struchtúr is maorga sa chathair é,

lonnaithe ar an tsráid ab airde.
Tuige a gcíorfá an tseafóid úd a tharla

na céadta ó shin? a fhiafraíonn sé di
– am ar thug na bochtáin faoi mhainéir

an lucht rachmais, a ghoid a raibh iontu, a chaith
a n-úinéirí sa phríosún, a chuir triail orthu

i gcúirt bhréige, a daoradh chun báis iad?
Stánann sé uirthi amhail gur turasóir craiceáilte í

a bhfuil mar rún aici sult a bhaint as íomhánna brúidiúla
d'uaisleacht chloíte, criathraithe le piléir. A mhalairt

ar fad atá fíor – cuireann radharc na fola samhnas uirthi.
Teastaíonn uaithi iad atá beo beathach a thuiscint –

fáil amach céard a ghríosaíonn bainisteoir óstáin
lena chur ar deargmhire chun stair a thíre a shéanadh?

THE FILLING STATION

It was all a misunderstandinig – she hadn't
meant to offend him – though what she said

was true – his sister was a bitch and, now
that it was said, there was no taking it back.

So intent were they on arguing, they lost
their way and ended up in a maze of back roads.

When they came to a fork he insisted on taking
the right turn, but having passed the ruined

settlement three times, agreed to try the left. It was
then the gauge on the petrol tank began to flash.

A neon sign drew them to a filling station
but, having pulled up at the pump, they

realised from the prices, they had crossed
the border. *Fill up your tank,* the owner said,

I'll take her as payment. When the tank was full
himself got back behind the wheel.

She saw his tail lights swallowed by
the dark. Later an explosion was heard.

Get that into you, the owner said, handing her
a cup of tea. *Then you can start on the forecourt.*

An Stáisiún Peitril

Míthuiscint a bhí ann – ní raibh sí ag iarraidh
é a mhaslú – cé gurbh fhíor an méid a dúirt sí –

ba bhitseach í a dheirfiúr. Anois agus é
ráite, ní fhéadfaí é a tharraingt siar.

Agus iad chomh gafa sin leis an argóint, chaill siad
a mbealach is chríochnaigh i ngréasán cúlbhóithre.

Ar shroicheadh gabhal dóibh, d'áitigh seisean casadh
ar dheis ach, tar éis dóibh dul thar an lonnaíocht scriosta

trí huaire, d'aontaigh an ceann ar chlé a thriail.
B'ansin a thosaigh an treoir pheitril ag splancáil.

Tharraing comhartha neoin chuig stáisiún peitril iad
ach, ar bhaint an phumpa amach, tuigeadh dóibh

ó na praghsanna go raibh an teorainn
trasnaithe acu. *Líon suas do thanc*, arsa an t-úinéir.

Glacfaidh mé léise mar íocaíocht. An tanc lán,
isteach leisean taobh thiar den roth.

Bhreathnaigh sí ar a chúlsoilse á n-alpadh ag an
dorchadas. Níos deireanaí chualathas pléasc.

Ól suas é sin, arsa an t-úinéir ag bronnadh cupán tae uirthi.
Ansin féadfaidh tú tosú ar an réamhchúirt.

On the City's Streets

Many incidents befell her on the city's streets.
Though someone else was responsible each time,
she always found a way to blame herself.

Take the evening she walked out onto the crossing –
a motorist had to brake, causing the car behind to crash
into his. She continued on, on the arm of her suitor.

Or the night a guy she met at a dance offered her
a lift home, stopped his van at each junction, took
out a baseball bat and smashed the traffic lights.

Why not admit that the first guy dragged her out in front
of the car, or that the second wouldn't have attacked
the traffic lights had he not been trying to impress her?

These events and others happened. Years ago. When
she left the house. Surely the time has come to end
the blame game and park her guilt on the city's streets?

Bhain go leor eachtraí di ar shráideanna
na cathrach. Cé go raibh duine eile ciontach
i ngach ceann acu, leag sí an milleán uirthi féin.

Tóg an tráthnóna a shiúil sí amach ar an trasrian – ba ghá
do thiománaí brú ar a choscáin sa chaoi gur bhuail an carr
taobh thiar de a charrsan. Ar aghaidh léi, ar lámh a suirígh.

Nó an oíche a thairg fear, a casadh uirthi ag damhsa, síob
abhaile di, a stad a veain ag chuile acomhal, bhain slacán
daorchluiche amach is rinne smidiríní de na soilse tráchta.

Tuige nach n-admhaíonn sí gur tharraing an chéad fhear
amach os comhair an chairr í, nó nach dtabharfadh an dara
duine faoi na soilse tráchta mura raibh sé ag iarraidh dul
    i gcion uirthi?

Tharla na himeachtaí sin is tuilleadh. Na blianta ó shin.
Le linn di an teach a fhágáil. Nach bhfuil sé thar am
deireadh a chur le cluiche an mhilleáin is a ciontacht
    a pháirceáil ar shráideanna na cathrach?

Their Names

From the comfort of your home –

You imagine her telling her daughter they have to
abandon theirs. To take only one toy, one change of
clothes, as much food and nappies as they can carry
on their backs and in the baby's pram.

You think of how she must have clung to memories
on their journey – warm air against her skin on a summer
evening. The milky smell of her baby when she lifted him
from his crib. The look of happiness on her daughter's face
when she opened her birthday present. Days spent teaching
her not to talk to strangers, to stay close, to stay safe.

Though you hear reports of how, when she had lost
all hope, her last wish was that her children not be
forgotten. That while they slept she wrote their names in
indelible ink on their limbs so that, when what was to
happen, happened, there would be a record of their lives –

this last deed – one you can neither imagine nor understand.

A NAINMNEACHA

Ó chompord do bhaile –

Samhlaíonn tú í ag insint dá hiníon go bhfuil orthu
a mbaile siúd a thréigean. Bréagán amháin, aon
athrú éadaí, an oiread bia is clúidíní ar féidir iompar
ar a ndromanna is i bpram an linbh a thabhairt leo.

Smaoiníonn tú ar an gcaoi go gcaithfidh gur choinnigh sí
greim ar chuimhní ar a n-aistear – aer teolaí in aghaidh
a héadain tráthnóna samhraidh. Boladh bainniúil a linbh,
é á iompar as a chliabhán. Aoibh an tsonais ar aghaidh
a hiníne ar oscailt a bronntanas breithe di. Laethanta
caite ag teagasc di gan labhairt le strainséirí, fanacht
in aice láimhe, fanacht slán.

Cé go gcloiseann tú á thuairisciú gurbh é a mian
deireanach, am ar chaill sí dóchas, nach ligfí i ndearmad
a páistí. Gur bhreac sí a n-ainmneacha ar a ngéaga i
marcóir doghlanta, agus iad faoi shuan, le go mbeadh
taifead ann dá mbeathaí, am a dtarlódh a raibh le tarlú –

níl tú in ann an gníomh deireanach siúd a shamhlú
nó a thuiscint.

THE REWARD

The butterfly buns are what
most intrigue the girl –

she has seen the fairy cakes,
flies' graves, custard pies before –

but these have two wings stuck
to their base with a dollop of cream.

Most of the customers buy soda
and wheaten farls, potato cakes –

ingredients for the Ulster Fry.
Her aunt has all the orders

prepared – the customer's
name on each parcel.

When the shelves are clear she gives
the girl a butterfly bun, as promised.

The girl licks the cream, eats the base,
before swallowing the wings.

She feels them flutter in her stomach
and thinks of the woman

whose car pulled up outside the bakery
the day before – who left

a ten shilling note as thank you
for finding her purse in the sand –

An Duais

Is sna borróga féileacáin a chuireann
an ghirseach an tsuim is mó –

chonaic sí na cístí sí, uaigheanna
cuileog, pióga custaird cheana –

ach tá dhá sciathán greamaithe
dá mbun siúd le daba uachtair.

Ceannaíonn mórchuid na gcustaiméirí
farlaí sóide agus cruithneachta, cácaí prátaí –

comhábhair don Fhriochadh Uladh.
Tá na horduithe uile réidh

ag a haintín, ainm
gach custaiméara ar gach beart.

Na seilfeanna bánaithe, bronnann sí borróg
féileacáin ar an ngirseach, faoi mar a gealladh di.

Líonn an ghirseach an t-uachtar,
itheann an bun, sula slogann na sciatháin.

Braitheann sí ar foluain ina bolg iad
is cuimhníonn ar an mbean

a stop a carr lasmuigh den bhácús
an lá roimh ré is a d'fhág nóta deich scilling di –

comhartha buíochais as teacht ar a sparán
sa ghaineamh – duais nach mór a dóthain

not reward enough to compensate
the girl for the terror felt when handing

the purse in to the policeman at the station,
her eye level with his holstered gun.

don fhaitíos, a bhraith an ghirseach, a cheansú,
am ar thug sí an sparán ar láimh don phóilín

sa stáisiún, a súil cothrom leis an gcurra
ina raibh a ghunna á choinneáil.

You sit beside him in a shelter and watch the rain pour down onto the sea, the waves lap it up. Neither of you speaks. Apart from the rain there's little to look at. Graffiti of male and female sex organs have been drawn on the shelter walls. The males in a state of arousal. Who could have drawn such and why? Did they hope to shock those, like you, stranded inside by the rain, or those who creep in under cover of dark for a night of lovemaking?

Lovemaking is the last thing on your mind right now. He has told you he is going across the sea. That you could come with him or stay behind. You want to come. You don't want to lose the only person who cares for you. But if he cares why not stay?

As the sea swallows the rain you see him swallowed by what is bringing him across the waves. In one of those ships that sail past your window at night. All lit up. A ship you have often dreamed of travelling on. And now this very ship is taking your beloved away. He has made his choice and is waiting for you to make yours.

It doesn't take you long to decide. What is taking him away is what is keeping you here. That which is bigger than the love each of you has for the other. That need to make your way in the world. As you ponder these thoughts you both continue to watch the rain. Framed by the fourth wall of the shelter. A wall that invites those at sea to observe the arc of your dilemma. Having first suspended their disbelief.

Suíonn tú in aice leis san fhoscadán is breathnaíonn an bháisteach ag stealladh anuas ar an bhfarraige, na tonnta á slogadh siar. Ní labhraíonn ceachtar agaibh. Níl mórán le breathnú seachas an bháisteach is an graifítí gnéasorgáin fhireanna is bhaineanna breactha ar bhallaí an fhoscadáin, adharca ar na cinn fhireanna. Cé a d'fhéadfadh a leithéid a tharraingt is cén fáth? Ar theastaigh uathu preab a bhaint astu siúd, cosúil libh féin, atá sáinnithe ag an mbáisteach, nó astu siúd a théaltaíonn isteach faoi scáth na hoíche, seal suirí á lorg acu?

Suirí an rud deireanach ar d'intinn anois. Tá ráite aige go bhfuil sé ag dul thar lear. Go bhféadfá teacht in éindí leis nó fanacht ina dhiaidh. Teastaíonn uait dul. Ní theastaíonn uait an t-aon duine a bhfuil cion aige ort a chailliúint. Ach má tá cion aige ort, tuige nach bhfanfaidh sé?

De réir mar a shlogann an fharraige an bháisteach, feiceann tú eisean á shlogadh ag a bhfuil á mhealladh trasna na dtonnta. I gceann de na longa a sheolann thar d'fhuinneog istoíche. Í lasta suas. Long a mbíodh sé de rún agat taisteal inti. Anois tá an long sin ag breith do leannáin léi. A rogha déanta aige, tá sé ag fanacht go ndéanfaidh tusa do cheannsa.

Ní ghlacann sé rófhada ort teacht ar chinneadh. Is ionann an rud atá á bhreith uait agus an rud atá do do choinneáil anseo. É siúd ar mó é ná an grá atá agaibh dá chéile. An gá do bhealach a dhéanamh sa saol. Agus do mhachnamh á dhéanamh agat air seo coinníonn sibh oraibh ag breathnú na báistí, an bheirt agaibh frámáilte i gceathrú balla an fhoscadáin. Balla a thugann cuireadh dóibh siúd ar muir stua do chruacháis a bhreathnú, ach a ndíchreideamh a chealú roimh ré.

THE OFFICE

The clerks lie on the grass in
front of the Building of Records,

hoping to acquire a tan like
the girls in the magazines.

Their boss regards them from
his window on the top floor – to him

they are slabs of meat on a grill,
turning each side to the flame.

The clerks realise that since the war
the ratio of women to men

is three to one and will do what
it takes to secure a husband.

Even though they wouldn't have
these jobs, were it not for the war,

they can't wait to leave them and chain
themselves to their dream kitchen.

The boss's eye lights on his secretary,
seated in the shade of an ash tree with

a guy from the next department.
Why settle on such a pipsqueak?

Little does the boss know that since
she lost her family and her homeland,

AN OIFIG

Luíonn na cléirigh ar an bhféar
os comhair Áras na dTaifead,

é mar rún acu breith ar dhath na gréine,
ar nós na gcailíní sna hirisí.

Breathnaíonn a mbas orthu óna fhuinneog
ar an stór uachtarach – dar leis

níl iontu ach dabaí feola ar ghríoscán,
a ndá thaobh á gcasadh acu i dtreo na lasrach.

Tuigeann na cléirigh gurb é a trí
lena haon an cóimheas idir mná agus fir

ón gcogadh i leith, is déanfaidh siad
mar is gá le fear a aimsiú.

Cé nach mbeadh na jabanna sin acu,
murach an cogadh, tá siad ar bís

iad a fhágáil is iad féin a sháinniú
i gcistineach mhian a gcroí.

Leagann a mbas a shúil ar a rúnaí ina suí
faoi scáth crainn fuinseoige in éindí le

fear ón gcéad roinn eile. Tuige
a roghnódh sí a leithéid de phleidhce?

Is beag is eol don bhas, ó chaill sí a teaghlach
is a tír dhúchais, gurb é an pleidhce céanna

said pipsqueak is the first to make her laugh –
so much so she scatters her lunch to the birds

and heads with him across the grass as he tells her
the funniest story of all – about a couple

who turn their backs on their jobs
and head for a beach bereft of footsteps.

an chéad duine a chuir ag gáire í –
an oiread sin go scaipeann sí a lón ar na héiníní,

go dtrasnaíonn an féar leis fad a insíonn sé
an scéal is greannmhaire ar fad – faoi lánúin

a chasann a ndromanna ar a jabanna
is a dhéanann ar thrá atá gan lorg coise.

AT THE WAKE

None of the adults at the funeral home
recognised her. She had such an aura
none dared approach to ask who she was.

The children had no problem – especially
the little girl who presented her with
a bouquet, or the boy who clung to her knee.

Thankfully, they couldn't see into the coffin,
nor could she, and by the time the lid was secured
she had stepped outside and hailed a taxi.

Afterwards, at the meal, she was
the subject of much gossip – had
anyone noticed how pretty she was,

how demure, how glazed her eyes?
Drugs have that effect, the widow
suggested. The children took shelter

beneath the table – praying she would
return to rescue them now that he, who
caused her pain, was no longer alive.

AG AN TÓRRAMH

Níor aithin éinne de na daoine fásta ag an teach
tórraimh í – bhí a leithéid de luan mórthimpeall uirthi
nach raibh sé de dhánacht in éinne a fhiafraí di cérbh í.

Níor bhain an fhadhb chéanna do na páistí –
go háirithe an ghirseach bheag a bhronn crobhaing
uirthi, ná an buachaill a bhí greamaithe dá glúin.

Ar an dea-uair ní raibh siadsan ná sise in ann breathnú
isteach sa chónra is, faoin am a raibh an claibín curtha air,
bhí sí imithe amach le scairt a chur ar thacsaí.

Ar ball, ag an mbéile, b'ábhar cúlchainte í –
ar thug éinne faoi deara chomh dathúil
a bhí sí, chomh cuibhiúil,

an chuma fholamh ina súile?
Bíonn toradh mar sin ag drugaí, dar leis
an mbaintreach. Chuaigh na páistí faoi

fhothain an bhoird, ag guí go dtiocfadh sí
i gcabhair orthu anois agus eisean, ba chúis
lena pian, imithe ar shlí na fírinne.

THE STAGE MANAGER

Though grown accustomed to seeing the actors
inhabit characters other than themselves,

she still can't understand what makes them so mean
and violent as to kill their best friend and marry

his wife or so irresponsible as to get
drunk and cause the death of an innocent.

Each evening they arrive at the theatre by taxi
or bicycle and head for the dressing rooms.

Some snap before the show if anyone
interrupts their concentration, if their cup

of tea is too weak, or the bottle of whiskey
they had hidden has been tampered with.

Once dressed they remain in character, even
while waiting in the wings for their cue.

When the show is over they become themselves
again – if they haven't received flowers or cards

or if no one is waiting by the stage door for
their autograph, they storm home by taxi or bicycle.

She wonders what happens when they
arrive there – what role do they adopt,

who helps them into costume and whether
or not that person heeds their performance?

Cé go bhfuil taithí aici ar na haisteoirí a fheiceáil
ag maireachtáil i gcarachtair nach iad féin iad, níl sí

in ann a thuiscint céard a dhéanann chomh suarach
foréigneach iad lena a ndlúthchara a mharú is a bhean siúd

a phósadh, nó chomh mífhreagrach le héirí
caochta is duine neamhurchóideach a mharú.

Gach tráthnóna baineann siad an amharclann amach
i dtacsaí nó ar rothar is déanann ar na seomraí gléasta.

Cailleann cuid acu an bloc roimh an seó má bhriseann
éinne isteach ar a ndianmhachnamh, nó má tá a gcupán tae

rólag, nó má tá éinne tar éis méiseáil leis
an mbuidéal fuisce a bhí curtha i dtaisce acu.

A luaithe atá siad gléasta, fanann siad i gcarachtar
fiú agus iad ag feitheamh sna sciatháin ar a gciú.

An seó thart, iad féin an athuair – mura bhfuil
bláthanna nó cártaí faighte acu, nó mura bhfuil

éinne ag fanacht leo ag doras na n-aisteoirí lena
sínithe, abhaile leo go feargach i dtacsaí nó ar rothar.

Ábhar iontais di céard a tharlaíonn ar shroicheadh
an bhaile dóibh – cén ról a ghlacann siad,

cé a chuidíonn leo a bhfeistis a chur orthu
nó an cuma leis an duine sin faoina gcur i láthair?

IN PEACETIME

When they had taken refuge in the bus station
he broke the news to her: he was working
in a dead end job and craved career satisfaction.

So far, she agreed with him. Her job wasn't up
to much either but she had heard of night school
and planned to enrol the following autumn.

He said she didn't understand: he wanted to do
more with his life than stack shelves in a factory.
She agreed – hadn't he heard of night school?

He wanted more than night school. He wanted
to become a soldier. What was wrong with her,
she thought, to give him such an idea?

On her first visit to training camp he ignored
all news of her academic progress, forcing her
to listen as he described how weapons functioned.

The biggest change in him, however, was how
keen he was to head for the battlefield. What
was wrong with her that made him want to kill?

Agus iad ar foscadh sa stáisiún bus, chuir sé
an scéal ina láthair: ní raibh aon cheo i ndán dó
sa jab ina raibh sé. Sásamh as a phost a bhí uaidh.

D'aontaigh sí leis go pointe. Ní raibh maith ar bith
ina jabsa ach oiread ach chuala sí faoi scoil oíche
agus bhí sé ar intinn aici clárú an fómhar dar gcionn.

Dar leis, níor thuig sí: bhí níos mó uaidh ná a shaol
a chaitheamh ag cur earraí ar sheilfeanna i monarcha.
D'aontaigh sí leis – nár chuala sé trácht ar scoil oíche?

Bhí níos mó ná scoil oíche uaidh. Theastaigh uaidh
dul leis an tsaighdiúireacht. Céard a bhí mícheart léi,
a cheap sí, a thug a leithéid de smaoineamh dó?

Ar a céad chuairt ar an gcampa traenála, rinne sé
neamhaird de scéal a dul chun cinn acadúil, iachall
á chur uirthi éisteacht lena chur síos faoin gcaoi
    ar oibrigh uirlisí troda.

An claochlú ba mhó ann, áfach, ná an fonn a bhí air
aghaidh a thabhairt ar pháirc an áir. Céard a bhí
mícheart léi gur theastaigh uaidh daoine a mharú?

STRAWBERRIES

Holiday time and families, anxious to escape the city,
take to the road, dreaming of sand and sea,
roasting burgers over a fire, drinking lemonade
and singing songs of dashed hope and emigration.

Though many have the same idea, few realise the roads
will be clogged with cars – full of restless kids, tents,
buckets, spades – that the best part of the day will be spent
in a line of traffic, inhaling fumes from the car in front,

or that by the time they reach their destination,
there will be no place to park their car, pitch
their tent – the tide will have gone out
and rain clouds begun to gather.

One girl is used to the fumes. Glad of them, in fact.
She rejoices in the line of traffic: the more cars that are
stopped, the more strawberries she can sell. It's the same
every year. Only this year the farmer has planted more,

ensuring a bumper crop – he must have studied
some long range forecast or, perhaps, he was just lucky.
Luck has so far eluded the girl. No matter how many
punnets she sells before the fruit ripens and is coated

in fumes, her reward remains the same: bed, board
and a diet of gruel and cocoa. Only when the day's
takings have been stashed, the fruit prepared
for morning, can she slip down to the rock pool –

known only to forest deer – ease herself into
the water, allow the ripples of her presence
fan out until the pool fills with circles and
the only sound is the screech of the owls.

Na laethanta saoire. Am a mbuaileann teaghlaigh bóthair –
iad ar bís teitheadh ón gcathair, ag tnúth le gaineamh,
farraige, burgair a róstadh os cionn tine, líomanáid a ól,
amhráin faoi dhóchas scriosta is imirce a chasadh.

Cé go bhfuil an plean céanna ag a bhformhór, ní thuigeann
mórán acu go mbeidh na bóithre plúchta le cairr – lán
le gasúir mhíshocra, pubaill, buicéid, spáda – go gcaithfear
an chuid is mó den lá i dtranglam tráchta, ag ionanálú

múiche ón gcarr rompu, nó faoin am a sroichfidh siad
a gceann scríbe nach mbeidh aon áit lena gcarr a pháirceáil,
a bpuball a chur suas – go mbeidh an taoide
ag trá is clabhtaí báistí ag bailiú le chéile.

Tá taithí ag girseach amháin ar an múch. Í buíoch aisti.
Ríméad uirthi faoin tranglam tráchta: dá mhéad carranna
ina lánstad is ea is mó sútha talún a dhíolfaidh sí. Mar an
gcéanna chuile bhliain. Ach amháin go bhfuil níos mó

curtha ag an bhfeirmeoir i mbliana le go mbeidh barr
flúirseach aige – caithfidh go ndearnadh sé staidéar ar an
réamhaisnéis aimsire fadraoin nó seans go bhfuil an t-ádh
air. Ní bhíonn an t-ádh ar an ngirseach ariamh. Is cuma

cá mhéad ciseog a dhíolann sí sula n-aibíonn na torthaí is
sula gclúdaítear le múch iad, bíonn an duais chéanna i ndán
di: bord agus leaba, brachán agus cócó. Fáltais an lae curtha
i dtaisce, na torthaí réidh don mhaidin, is féidir léi téaltú

chuig an lochán carraige, a bhfuil fianna na foraoise amháin
ar an eolas faoi – í féin a ligean anuas san uisce, ceadú do
chuilithíní a láithreachta leathnú amach go líontar an lochán
le ciorcail is nach bhfuil le cloisteáil ach scréach na n-ulchabán.

THE METEOROLOGIST'S WOMAN

He visits everyday, bringing food and water
and, after they have made love, they stand
by the window, admiring the trees
as their branches change shape in the wind.

This particular evening they watch the moon rise –
she has never seen it as bright or beautiful before.
He insists it isn't quite full – but will be
the following night – according to prediction.

He promises that when she has seen it in all its glory
he will release her. She strips the sheets from the bed,
packs her suitcase and allows her ring slip
from her finger down the garbage chute.

She isn't to know that the following night the sky
will be cloudy – according to prediction. And though
she may stand by the window, searching till dawn,
the moon, in all its glory, will be nowhere to be seen.

BEAN AN MHEITÉAREOLAÍ

Tagann sé ar cuairt chuici chuile lá le bia agus uisce
a dháileadh agus, tar éis dóibh luí le chéile,
seasann siad le hais na fuinneoige, ag baint lán a súl
as na crainn – a ngéaga ag athrú a gcruthanna sa ghaoth.

An tráthnóna áirithe seo breathnaíonn siad ar an ngealach
ag éirí – ní fhaca sí chomh geal ná chomh galánta
ariamh cheana í. Dar leis níl sí go hiomlán lán – faoi mar
a bheidh an oíche dar gcionn – de réir mar atá tuartha.

Geallann sé go scaoilfidh sé saor í ar fheiceáil di
in iomlán a glóire í. Baineann sí na braillíní
den leaba, pacálann a cás is ligeann dá fáinne
sleamhnú óna méar síos an fánán bruscair.

Ní thuigtear di go mbeidh an spéir scamallach an oíche
dár gcionn – de réir mar atá tuartha. Agus, ainneoin go
seasfaidh sí le hais na fuinneoige, á cuardach
go héirí na gréine, ní bheidh an ghealach in iomlán
     a glóire le feiceáil in áit ar bith.

THE TRUTH

On your return to work everything feels different –
your colleagues' clothes have changed colour to grey.

Your boss has shaved his beard and grown smaller.
The girl, who is your friend, refuses to listen to you.

You take your place in the manuscript room
at the top of the stairs where the stools seem

taller, the tomes heavier, the day's work not worth
doing. Who needs to know who held title to an acre

of land hundreds of years ago? You stand by the window
and watch people with attaché cases head up the hill

in search of information. You want to shout down
to them that nothing is as it seems – the document

that proclaims your birth is fake, the woman it says
gave birth to you never existed, the graves of the children

reported dead are nowhere to be found. You, like them,
were stolen and sold to those who had more money

than sense. You rip the pages from the tomes,
open the window, hang your overall on a nail

 on the back of the door, race down
the hill, pursued by a confetti of lies.

AN FHÍRINNE

Ar fhilleadh chun na hoibre duit, braitheann chuile shórt
difriúil – tá éadaí do chomhghleacaithe claochlaithe

go liath, féasóg do bhas bearrtha, eisean tar éis éirí níos lú.
Diúltaíonn an cailín, ar cara leat í, éisteacht leat. Glacann

tú d'áit i seomra na lámhscríbhinní ar bharr an staighre,
áit a mbraitheann na stólta níos airde, na mórleabhair

níos troime, obair an lae gan fiúntas. Cé atá ag iarraidh
a fháil amach cé ba leis teideal ar acra talún na céadta

bliain ó shin? Seasann tú le hais na fuinneoige ag breathnú
ar dhaoine le cásanna láimhe ar a mbealach suas an cnoc

ag lorg eolais. Ba mhaith leat a chur in iúl dóibh nach mar
a shíltear a bhítear – cáipéis bhréige atá sa phíosa páipéir

a fhógraíonn do bhreith – níorbh ann don bhean a deirtear
a thug ar an saol thú, ná níl uaigheanna na bpáistí

a dtuairiscíodh marbh le fáil in áit ar bith. Cosúil
leosan, goideadh thú is díoladh leo siúd a raibh

níos mó airgid ná céille acu. Sracann tú na leathanaigh
as na mórleabhair, osclaíonn an fhuinneog, crochann

do rabhlaer ar thairne ar chúl an dorais, brostaíonn
síos an cnoc, coinfití bréag sa tóir ort.

THE DOG

The first body the girl saw was that of a dog
knocked down while crossing the road.

The black and white shape – like the dog in the film –
lay in a pool of blood in front of the church.

A man who lived in the crescent told her to wait
on the footpath while he pulled it over by its tail.

He said he worked for the government and would
phone and ask someone to dispose of the body.

That night she lay in bed, thinking what it must be like
to know what to do. To have a phone in your house.

To know who to call and that that person would
heed you because you had an important job.

Once, when she had to use a public telephone,
she put in her money, dialled the number she had

been given, pressed Button A. When a voice answered
she asked to speak to her father, to tell him his father

had died. The voice said he was not allowed to take
calls in work. Pips sounded and she was cut off.

Now, as she turns her head on the mattress, the pips sound
over and over until they segue into the March of the Dead.

AN MADRA

Ba le madra a leagadh ag trasnú an bhóthair
an chéad chorp a chonaic an ghirseach.

Bhí an cruth dubh agus bán – ar aon dul leis an madra
sa scannán – sínte i linn fola os comhair na hEaglaise.

Mhol fear, a raibh cónaí air sa Chorrán, di fanacht
ar an gcosán fad a tharraing sé anall, lena eireaball, é.

Dar leis an bhfear gur oibrigh sé don rialtas is go
nglaofadh sé ar dhuine éicint le fáil réidh leis an gcorp.

An oíche úd luigh sí sa leaba ag smaoineamh ar an gcaoi
a mbraithfeadh sé a bheith ar an eolas faoi céard le
    déanamh.

Fón a bheith id' theach. Fios a bheith agat cén duine
le glaoch air is go dtabharfadh an duine sin aird ort
    mar go raibh jab mór agat.

Bhí uirthi guthán poiblí a úsáid uair amháin – chuir sí
isteach a cuid airgid, dhiailigh an uimhir a tugadh di,

bhrúigh Cnaipe A. Nuair a d'fhreagair guth d'iarr sí cead
labhairt lena hathair, chun a rá leis gur cailleadh a athairse.

D'fhógair an guth nach raibh cead aige glacadh le glaonna
ag an obair. Fuaimníodh bíoga agus gearradh an líne uirthi.

Anois, a cloigeann á chasadh ar an tocht, fuaimníonn
na bíoga arís agus arís eile, go gclaochlaítear go
    Máirseáil na Marbh iad.

The march stays with her throughout the days that
follow – when the teacher screeches at her that

a mouse has left its mark on her copybook,
when the shopkeeper says she hasn't enough money

to pay for the loaf of bread, when her mother tells
her there's no candle left for her to do her homework.

Fanann an mháirseáil léi le linn na laethanta a leanann –
am a mbéiceann an múinteoir toisc go bhfuil lorg luiche

ar a cóipleabhar, a ndeir an siopadóir
nach bhfuil dóthain airgid aici le híoc as

an mbuilín aráin, a n-insíonn a máthair di nach
bhfuil aon choinneal fágtha dá hobair bhaile.

FAMILY LIFE

A Sunday the same as any other –
rain batters the window, gusts of wind
force the smoke back down the chimney.

In the back room a girl plays dress-up
with clothes from an old trunk – she's not
old enough to understand what it is

to be bored or what adults do when
there's nothing left to eat or drink.
Both her parents have read the newspaper

from cover to cover – it now lies
inside the front door, soaking up
the rain that seeps in over the threshold.

In school, when the nun taught her class
about the Great Hunger, the girl understood
the potatoes wouldn't grow because the crops

weren't rotated and that certain weather
conditions caused blight. What she couldn't
grasp was that the population kept growing

because people had nothing else to do.
Nor will she understand the changes in store
when her brother arrives nine months later.

SAOL AN TEAGHLAIGH

Domhnach mar an gcéanna le gach ceann eile –
báisteach ag batráil na fuinneoige, gálaí
gaoithe ag athbhrú an deataigh síos an simléir.

Sa chúlseomra tá girseach á gléasadh féin
suas in éadaí as seantrunc – gan í sách sean
an chaoi le bheith dubh dóite a thuiscint

ná céard a dhéanann daoine fásta nuair nach
bhfuil aon cheo fágtha le hithe ná le hól.
Tá an nuachtán léite ó chlúdach go clúdach

ag a beirt tuismitheoirí – é caite taobh
istigh den doras tosaigh anois, ag sú isteach
na báistí a shileann thar an tairseach.

Ar scoil, an Gorta Mór á theagasc dá rang
ag an mbean rialta, thuig an ghirseach
nach bhfásfadh na prátaí mar nach ndearna

uainíocht ar na barra is go raibh dálaí áirithe
aimsire ciontach leis an aicíd dhubh. An rud
nár thuig sí ná gur choinnigh an daonra air

ag fás mar nach raibh aon cheo eile le déanamh
ag daoine. Ná ní thuigfidh sí an claochlú i ndán di
naoi mí dar gcionn am a saolófar a dheartháir.

AFTER THE CONCERT

As you are swept across the playing field
you catch a glimpse of him being swept

in the opposite direction – a look of desperation
in his eye. You wonder who he is.

Could he be the boy with the motorbike who was
the first to kiss you, the other who wanted you

to emigrate with him, or he who turned
his back on his youthful convictions?

You can tell from the way he tries to free
himself from those on either side that

he realises he should never have let you go.
You take comfort in the crowd's complicity.

TAR ÉIS NA CEOLCHOIRME

Agus tú á scuabadh trasna na páirce imeartha
faigheann tú spléachadh air á scuabadh

sa treo eile – cuma scéiniúil ina shúil.
Fiafraíonn tú díot féin cé atá ann?

An bhféadfaí gurbh é an buachaill leis an ngluaisrothar
a bhronn do chéad phóg ort, an té ar theastaigh uaidh

go rachfá ar imirce leis, nó eisean a chas
a dhroim ar dhiongbháilteacht a óige?

Is léir ón gcaoi a bhfuil sé ag iarraidh é féin
a shaoradh uathu siúd ar dhá thaobh de

go dtuigtear dó nár chóir scaoileadh leat.
Is mór an sólás duit comhpháirteachas an tslua.

YOU'RE NOT BOTHERED

when you hear screams outside at night –
you reckon they're from girls on their way home
from the pub, daring one another to set off
the alarm on the SUV blocking the footpath.

The shouts later are bound to be from lads
teasing each other about their amorous exploits
or cheering as they empty the contents
of your neighbour's skip over his lawn.

You realise the high jinks could turn into
a full-blown fight, or that the screams and shouts
could be from someone in danger, but are too
drowsy to get up and peer out the window,

but not drowsy enough to doze off. You ask
yourself what would you do if a girl in her
underwear pounded on your door, screaming
she had been held in a dungeon for years,

or another ran into your garden, snatched
your phone from your hand, saying she had
escaped from a psychopath but not to contact
the police as her abuser was one of them?

You think of the girl who bumped into you in
the street and stole your purse, the guy who
threatened you with a knife in the pub, the person
who broke into your house and murdered your cat.

As you become more alert, the rain
that was promised pours down.
The screams and shouts come to an end.
In the morning the grass is damp underfoot.

nuair a chloiseann tú scairteachaí lasmuigh san oíche –
dar leat gur cailíní ar a mbealach abhaile ón bpub
a lig astu iad, dúshlán á thabhairt acu an t-aláram
ar an SUV ag blocáil an chosáin a chur ag bualadh.

Gan dabht gur ó leaideanna na béiceachaí
níos deireanaí ag magadh a chéile faoina
n-eachtraí grá nó ag ligean gártha molta astu,
scip do chomharsana á folmhú thar a léana.

Tuigtear duit go bhféadfaí troid iomlán a dhéanamh
den phleidhcíocht, nó gur ó dhuine i gcontúirt
na scairteachaí, ach tá tú róshuanmhar éirí le breathnú
amach an fhuinneog, gan a bheith sách suanmhar

titim id' chodladh. Fiafraíonn tú díot féin céard
a dhéanfá dá dtiocfadh girseach ina fo-éadaí
ag bualadh ar do dhoras ag béicíl gur
coinníodh i ndoinsiún ar feadh na mblianta í,

nó gur rith girseach eile isteach id' gharraí, sciob
an fón as do lámh, ag rá go raibh sí tar éis éalú
ó shíceapatach ach gan dul i dteagmháil leis na póilíní
mar gur dhuine díobh siúd é a mí-úsáideoir?

Cuimhníonn tú ar an ngirseach a bhuail id' choinne
ar an tsráid is a sciob do sparán, an fear
a bhagair le scian sa phub thú, an duine a bhris
isteach id' theach is a dhúnmharaigh do chat.

De réir mar a éiríonn tú níos airdeallaí,
greadann an bháisteach a gealladh anuas.
Tagann deireadh leis na scréacha is na béiceachaí.
Ar maidin bíonn an féar tais faoi chois.

In Absentia

The tulips, roses and carnations are arranged
in beds. Colour-coordinated rectangles
dotted across the lawn. Along with
white structures. Tiny *chevaux-de-frise*,
warning you to keep off the grass, a girl says.

Her mother must have told her. Yours may not
have known. She never comes to the park.
She isn't by your side when you watch those
colours from a distance. Knowing you can't
touch the flowers, smell their scent. That the place
in the park reserved for you is the playground.

There are no white obstacles to warn
that a man will follow you there, offer
you sweets, make suggestions in words
you don't understand but later learn spell danger.

Nor will you have the words to share what happened
when you return home. First you will have to walk
up the path to the front door. Past the lawn
where the landlord has cut the daisies. Their
tiny yellow and white heads lying massacred
before you can pick them. Before you can
make a chain. A crown to put on your head –
to declare: you are a child. You are special.

In time you will learn that the aster
is the flower of your birth month.
A daisy with purple-tinted petals
that fold inwards at twilight. As though
wanting to swallow all trace of that day.

IN ABSENTIA

I gceapacha atá na tiúilipí, rósanna is coróineacha
leagtha amach. Dronuilleoga ar dhathanna comhordaithe
breactha fud fad an léana. Mar aon le struchtúir bhána.
Chevaux-de-frise bídeacha a thugann foláireamh
coinneáil amach ón bhféar, dar le cailín amháin.

Caithfidh gurb í a máthair a d'inis di. Seans nach
bhfuil do mháthair ar an eolas fúthu. Ní thagann sí chuig
an bpáirc ariamh. Níl sí id' aice is tú ag breathnú na
ndathanna úd de chéin. Ag glacadh leis nach bhfuil tú in
ann na bláthanna a bhrath. A gcumhracht a bholú. Gurb é
an clós súgartha an chuid den pháirc curtha i leataobh duit.

Níl aon bhaic bhána le foláireamh a thabhairt go leanfaidh
fear isteach inti thú, milseáin á dtairiscint aige,
moltaí á ndéanamh i bhfocail nach dtuigeann tú
ach a dtuigfear duit ar ball go bhfuil baol ag baint leo.

Ná ní bheidh na focail chuí faoinar thit amach
le roinnt agat ar shroicheadh an bhaile duit. Ar dtús
beidh ort siúl suas an cosán chuig an doras tosaigh.
Thar an léana inar bhain an tiarna talún na nóiníní.
A gcloigne beaga bána is buí ina luí scriosta sula
bhfuil tú in ann iad a phiocadh. Sula bhfuil tú in ann
slabhra a chruthú. Coróin le cur ar do chloigeann –
le fógairt: is leanbh thú. Duine speisialta.

In am trátha gheobhaidh tú amach
gurb é an t-astar bláth do bhreithmhíosa.
Nóinín a bhfuil imir chorcra ar a pheitil
a fhilleann isteach faoin gclapsholas.
Mar a bheidís ag iarraidh lorg an lae úd a alpadh.

In the Blink of an Eye

Giddy from the scent of night stock,
we had only just sank into the softness
of new-mown grass, when the sun set

and twilight forced us over the threshold –
into bed where we inhaled dust, slaked
our thirst with water from a chipped mug.

It must have taken some time for all that
and more to happen but when I awoke
it was as though the night had passed

in the blink of an eye – in which I had
bled onto the sheet, watched an insect
hop along the thin grey blanket.

And as we lay there, not believing it was
time to return to the place we would
never again reach, I heard water gurgle –

not the peaceflow of a river or the lap
of an ebb tide as I might have wished, but
a problem with the ballcock, you explained.

I was impressed you knew how loos
worked, but that wasn't enough to hang
a memory on, or so I thought at the time.

Bailithe ag cumhrán na tonóige cladaigh –
díreach tar éis dúinn ár scaoileadh siar i mboige
an fhéir nuabhearrtha – d'imigh an ghrian faoi

is bhrúigh an clapsholas thar an tairseach isteach
sa leaba an bheirt againn, áit ar análaigh muid
dusta, mhúch ár dtart le huisce ó mhuga scoilte.

Caithfidh gur ghlac sé scaitheamh air
sin is tuilleadh tarlú, ach ar dhúiseacht
dom, ba chosúil gur imigh an oíche

i bhfaiteadh súl – ina raibh fuil curtha
ar an mbraillín agam, faire déanta ar
fheithid a phreab thar an bpluid scáinte liath.

Agus muid inár luí ansin, gan in ann
a chreidbheáil go raibh sé in am filleadh
ar an áit nach sroichfimis choíche, chuala mé

glugarnach uisce – ní sruthú síochána abhann
nó lapadaíl taoide thrá, faoi mar a bheadh dúil agam
leo, ach fadhb leis an gcoca liathróide, a mhínigh tú.

Bhí mé tógtha leis gur dhuine thú a thuig cén chaoi
ar oibrigh leithris. Ach níor leor é sin le cuimhne
a chrochadh air, nó b'in a cheap mé ag an am.

SNOW GLOBE

As the train pulls out you think of the film
in which Jimmy Dean filled a train full
of lettuce, packed with ice, how the ice melted

and his father cursed his son yet again.
His mother had no time for the boy –
she was across town running a brothel,

though you didn't understand that at the time.
You've since learned that anything cold –
in particular snowflakes – can be brought

on a train journey once placed under glass,
where, in response to a gentle shake from
a child, they can work up a storm. Nor does it

matter to the child what his father thinks.
And what his mother does for a living
is of no concern to him whatsoever.

Agus an traein ag druidim amach, cuimhníonn tú
ar an scannán inar líon Jimmy Dean traein le leitís –
pacáilte le hoighear – gur leáigh an t-oighear is gur

chuir a athair a mhíle mallacht ar a mhac arís eile.
Ní raibh meas madra ag a mháthair ar an ngasúr –
ise a bhí i bhfeighil drúthlainne ar thaobh tuathail

an bhaile, cé nár thuig tú é sin ag an am.
Fuair tú amach ó shin gur féidir aon ní fuar –
go háirithe calóga sneachta – a bhreith ar aistear

traenach ach iad go bog socair faoi ghloine,
áit a bhfuil gasúr in ann stoirm a chruthú
trína gcroitheadh go séimh. Gur cuma

leis an ngasúr céard a cheapann a athair
ná gur beag a bheann
ar cén tslí bheatha atá ag a mháthair.

What Becomes of Desire?

When young you often wondered what
would become of desire as you grew older –
would it still grasp you by the throat, make

you yearn for that which you could not have –
be it a teapot in a china shop or a piece
of onyx bearing a Celtic motif?

Would you still covet the tall guy
who came late to class and stood by the door
where all could feast their eyes on him?

Or the other who paid for your meals
in pound coins, when such were rare,
before retreating to his darkroom?

You were not to know that with age comes
wisdom and the realisation that desire
is best compared to a bar of soap –

one that will slip from your grasp
once taken from its wrapper,
held under a tap and lathered up

or that its wrapper can then be placed in
a drawer – where it can nestle between
folds of silk, giving off its scent. Its longing.

CÉARD A BHAINEANN DON MHEANMARC?

Le linn d'óige ba mhinic leat machnamh faoi céard
a bhainfeadh don mheanmarc agus tú ag dul in aois –
an mbéarfadh sé greim scornaí fós ort, cluain

á cur ort faoi nach bhféadfá seilbh a fháil air,
ba chuma dá mba thaephota i siopa deilfe é
nó píosa oinisce le móitíf Cheilteach breactha air?

An santófá fós an fear ard a thagadh go mall
chuig an rang is a sheasadh taobh leis an doras,
áit a bhféadfadh cách lán a súl a bhaint as?

Nó an duine a d'íocadh as bhur mbéilí
le boinn phuint, am a raibh a leithéid gann,
sula dteitheadh sé chuig a sheomra dorcha?

Ba bheag a bhí a fhios agat go dtagann ciall
le haois mar aon leis an tuiscint gur fearr
meanmarc a chur i gcomparáid le barra sópa –

ceann a sciorrfaidh as do lámh a luaithe
a bhaintear a chumhdach de, a chuirtear
faoin sconna é, sobal á chruthú aige,

nó gur féidir a chumhdach a leagan i dtarraiceán
ansin – le neadú idir fillteacha síoda, a chumhracht
á scaipeadh aige. Mar aon lena mhian.

THE TOWN CRIER

Ever since her mother disappeared,
the girl watches

from the window, keeping
tabs on who comes and goes.

The man across the road
rises at dawn and strides

down his garden path
in his oilskin coat.

The girl watches him
lurch from foot to foot

as he heads into town
in his quest for news of the day.

On his return, she sees a newspaper beneath
his oxter, as though the troubles of the world

were stored next to his heart, the story of what
befell her mother the main headline.

He looks up at her window as though to say: *Hear ye!*
Hear ye! The world is going from bad to worse.

An Bolscaire Baile

Ó d'imigh a máthair gan tásc ná tuairisc,
fanann an ghirseach taobh

leis an bhfuinneog, súil á coinneáil aici
ar cé atá ag teacht is ag imeacht.

Éiríonn an fear trasna an bhóthair
ag breacadh an lae is siúlann

go teann, ina chóta oléadach,
síos cosán a gharraí.

Breathnaíonn an ghirseach air
ag tuairteáil ó chos go cos,

ar a bhealach chuig an mbaile,
nuacht an lae á lorg aige.

Ar fhilleadh dó, feiceann sí nuachtán
faoina ascaill mar a bheadh trioblóidí

an domhain i dtaisce gar dá chroí – an scéal
faoinar bhain dá máthair sa cheannlíne.

Breathnaíonn sé i dtreo a fuinneoige mar a bheadh á rá:
Éistígí! Éistígí! Tá cúrsaí ag dul ó mhaoil go mullach.

AFTERWORD

Claire Dunne

This collection of poetry, *A Grain of Truth*, invites the
reader to reflect on different experiences that occur in
varying contexts and times. The bilingual version gives the
reader the opportunity to revisit the subject of each poem,
but it is the repetition in themes that weave the poems
together. As is typical of the writer Celia de Fréine,
women's experience in relation to others is foregrounded
throughout the collection. Among the topics discussed are
the journey and escape in store for certain characters, the
daily war that is fought, and the vulnerability in one who
has to make a choice in the face of restrictions. A keen
insight is given into the balance between satisfying one's
basic needs, and taking care of others, especially when
under attack. Within the mix of complex and nurturing
relationships, the different roles that people play are
explored.

IARFHOCAL

Claire Dunne

Tugann an cnuasach seo, *Focal den Fhírinne*, cuireadh don léitheoir machnamh a dhéanamh ar iliomad eachtraí a thiteann amach i gcomhthéacsanna agus in aimsirí éagsúla. Tugann an leagan dátheangach deis don léitheoir athchuairt a thabhairt ar ábhar na ndánta, ach is í an aithris ar na himeachtaí céanna a shníomhann na dánta le chéile. Mar is dual don scríbhneoir Celia de Fréine, is í taithí na mban, i gcomhpháirt le daoine eile, atá ag croílár na n-eachtraí. Pléitear an turas agus teitheadh atá i ndán do roinnt carachtar, an cogadh laethúil a dtéann siad i ngleic leis, agus leochaileacht an duine a chaithfidh rogha a dhéanamh faoi theorainn. Faightear grinnléargas ar an gcothromaíocht atá le fáil idir bunriachtanais an duine a shásamh, agus aire a thabhairt do dhaoine eile, go háirithe agus iad faoi ionsaí. Sa mheascán de chaidrimh chasta agus de chaidrimh chothaitheacha, déantar iniúchadh ar na róil éagsúla a bhíonn ag an duine.

The collection begins with a succinct poem, *What is Captured*, which explores the idealized image of the family portrait. In keeping with the collection's title, *A Grain of Truth*, the gaps are evident in this one-off scene. The word 'Captured' in the title works on two levels – the photograph that is taken, alongside the characters' feeling of being trapped in the setting. This powerlessness and desire to escape is returned to in several other poems, and the couplets and brevity in the poems complement this sharp focus. In *The Meteorologist's Woman*, it is clear from the start that the woman's identity is bound up with the man. Her powerlessness is intertwined with every broken promise, the abuse she suffers, and her desire to leave.

There is an effortless movement between the poem *Watching the Gate* where the young girl is waiting and considering the right time, to the poem *Flight*, when it is understood that time has now arrived. If waiting is associated with hunger, a voracious appetite only grows after some semblance of freedom has been obtained. The poem *Their Fill* depicts the individual's lack of self-regulation, even once freedom has been granted. While various characters have to leave home and go out into the world, the wider world comes to the kitchen table in the poem *The Wireless in Wartime*, where global stories "crackled in the background". The war acts as a backdrop to many of the poems in the collection, hindering personal freedom. In the poem *The Piano*, it is a volley of shots, rather than music from the piano, that can be heard. In *The Office* we look down, from the boss's perspective, at the office workers weighing up the opportunities and challenges facing them in their work and personal lives now, even after the war is over.

War and various conflicts tear both countries and people apart. In the same way, we observe basic needs being stripped away, one after another. In the poem *Strawberries*,

Tosaíonn an cnuasach le dán gonta, *A Bhfuil Gafa*, a dhéanann iniúchadh ar íomhá inmhianaithe na portráide teaghlaigh. Ag teacht le teideal an chnuasaigh, *Focal den Fhírinne*, feictear na bearnaí atá sa radharc aonuaire. Oibríonn 'Gafa' sa teideal ar dhá leibhéal – an grianghraf a ghlactar, chomh maith leis an tsáinn atá le brath ag na carachtair sa suíomh. Filltear ar an easpa cumhachta agus fonn éalaithe i roinnt dánta eile agus oireann na leathrainn agus an ghontacht sna dánta don ghéarfhócas seo. In *Bean an Mheitéareolaí*, feictear ón tús go bhfuil féiniúlacht na mná ceangailte leis an bhfear. Cíortar a heaspa cumhachta i ngach geallúint a bhristear, an mhí-úsáid a bhaintear aisti, agus an dúil atá aici imeacht.

Tá gluaiseacht réidh ón dán Ag *Faire an Gheata* ina bhfuil an cailín óg ag feitheamh, ag smaoineamh ar an am ceart, go dtí an dán *Teitheadh* nuair a thuigtear go bhfuil an t-am buailte leis an gcarachtar. Má bhaineann cíocras leis an bhfeitheamh, tagann dúil chraosach nuair a fhaightear saoirse áirithe. Sa dán *A nDóthain*, taispeántar an easpa rialaithe atá ag duine orthu féin, fiú agus saoirse bronnta. Má bhí ar charachtair éagsúla imeacht ón mbaile agus bualadh amach faoin domhan mór, sa dán *An Raidió in Aimsir Chogaidh*, tagann an domhan mór isteach sa teach agus bíonn scéalta an domhain "ag cnagarnach sa chúlra." Feidhmíonn an cogadh mar chúlbhrat ar go leor de na dánta sa chnuasach, ag cur cosc le saoirse an duine. Sa dán *An Pianó* cloistear rois urchar in ionad ceol ón bpianó. In *An Oifig* féachtar anuas, ó dhearcadh an bhas ar oibrithe na hoifige ag cur is ag cúiteamh na ndeiseanna agus na ndúshlán atá rompu sa saol oibre agus pearsanta, fiú agus an cogadh thart.

Stróiceann cogadh agus ionsaithe éagsúla tíortha agus daoine as a chéile. Ar an gcaoi chéanna, feictear riachtanais bhunúsacha á mbaint diaidh ar ndiaidh. Sa dán *Sútha Talún*, aistríonn an dearcadh go gasta ón tranglam tráchta

the perspective quickly shifts from the traffic jam to the girl selling the strawberries, a girl who survives on gruel and cocoa, but finds solace in nature. Violent images of home are found in the "bloodied rays of sun" in the poem *The Pitcher*. When the pitcher falls, although it is not broken into pieces, there is an outpouring of water that once nourished the flowers. The poem *Feather Boy* is depicted through the eyes of a boy who returns to his nature while his basic needs are under attack. His fragility is likened to the lightness of a feather, which he cannot extend to help him take flight. De Fréine selects other effective images of vulnerability, for example, the fragile ice, in the poem *The Pond*, or the snow globe in the poem by the same name, which shows the world within a world in which the boy lives.

In *The Dog*, the young girl is made aware of the danger in everyday life when she comes upon the body of the dead dog. In the poem *You're Not Bothered*, we see once again that the danger can be concealed in many places, especially in the people and institutions in which we place our trust. There is a sense of terror in *The Reward*, once the price to be paid for supporting another person is understood. The young girl's fear is palpable with "her eye level with his holstered gun". Literal and metaphorical repression is used as a defence mechanism to cope with life's situations. In *Landfill*, the library's treasures are simply cast into the landfill by the shore. In the poem *Conversations*, even though the person manages to separate their memories of conversations, dividing them neatly on different shelves, the ghosts of tense conversations still return in the dead of night. Confusion and misunderstandings emanate from the words swallowed in the poem *In Absentia*. But if there was silence in these words being held back, in the final poem in the collection *The Town Crier*, it is announced clearly that *"The world is going from bad to worse"*.

go dtí an cailín a dhíolann na sútha talún, cailín a mhaireann ar bhia suarach, ach a thagann ar théarnamh sa nádúr. Faightear íomhánna foréigneacha an bhaile sna "gathanna fuilteacha gréine" sa dán *An Crúiscín*. Nuair a thiteann an crúiscín, cé nach mbristear ina smidiríní é, doirtear amach an t-uisce a thug beatha do na bláthanna. Ó dhearcadh an bhuachalla a fheicimid an dán *Buachaill an Chleite*, ina bhfuil air dul le dúchas fad is atá a bhunriachtanais faoi ionsaí. Is ionann a leochaileacht agus éadroime an chleite, nach féidir leis a leathnú chun eitilt leis. Roghnaíonn de Fréine íomhánna éifeachtacha leochaileachta eile, mar shampla, an leac oighir sobhriste, sa dán *An Lochán*, nó an chruinneog shneachta sa dán leis an ainm céanna, a thaispeánann an domhan laistigh de dhomhan ina maireann an gasúr.

In *An Madra*, cuirtear an dainséar sa ghnáthshaol ar shúile an chailín óig nuair a thagann sí ar chorp an mhadra mhairbh. Sa dán *Is cuma leat*, feicimid arís, gur féidir leis an mbaol a bheith i bhfolach in an-chuid áiteanna, go háirithe sna daoine agus sna hinstitiúidí a gcuirimid ár muinín iontu. Tá sceimhle le brath in *An Duais*, nuair a thuigtear an praghas atá le híoc chun tacú le duine eile. Braitear faitíos an chailín óig agus "a súil cothrom leis an gcurra ina raibh a ghunna á choinneáil." Bíonn brú faoi chois litriúil agus meafarach mar mheicníocht chosanta chun dul i ngleic leis an saol. I *Líonadh Talún* caitear seoda na leabharlainne isteach sa líonadh talún cois cladaigh. Sa dán *Comhráite*, cé go n-éiríonn leis an duine a cuimhní ar chomhráite a scaradh amach, agus a chur go néata ar sheilfeanna faoi leith, filleann taibhsí na gcomhráite achrannacha faoi choim na hoíche. Tagtar chun solais mearbhall agus míthuiscintí a eascraíonn as slogadh siar na bhfocal sa dán *In Absentia*. Ach má bhí tost i slogadh siar na bhfocal, sa dán deireanach sa chnuasach *An Bolscaire Baile*, fógraítear glan amach "*Tá cúrsaí ag dul ó mhaoil go mullach*".

When events are in full swing in the poems, the solo journey is intertwined with the wish, and responsibility, to care for another. The young girl's desire to stay back can be seen in the poem *A Visit to the Circus*, while her Uncle's impatience is evident. This impatience contrasts with the horses on the cinema screen that "gallop into the sunset". Even when someone chooses to prioritize the needs of another, the individual action can have far-reaching implications. *The Price* depicts the debt that follows every sacrifice. In *The Philanthropist*, a person in need must find the balance between satisfying their own basic needs, and supporting others in their time of need. In encountering the man who was acting as a voyeur to her life, imagining giving her food and nourishment, she draws on her own ingenuity. We are taken aback when, having given the food she had collected to the hungry young children around her, she turns to him and retorts bluntly *"I'll have that soup now"*.

Each character is also bound up with complex relationships. *Drama of a Breakup* shows the main character's difficulty in finding a balance between "the love each of you has for the other" and "that need to make your way in the world". Standing in contrast to the title of the poem, *In Peacetime*, the brutality associated with the decision to join the army, and handle tools of war, is discussed. The woman blames herself for the fatal actions of the man. In the poem *On the City's Streets*, another woman grapples with the guilt she feels in various situations that were controlled by other people. The poem ends with the question of whether it is time to "park her guilt on the city's streets?"

On the other hand, it is the connection with other people that sustains many of the characters. In the poem *On the Beach*, the connection is reinforced between the woman and generations of island women who created the tweed she wears. The sewing metaphor works effectively to show

Nuair a bhíonn imeachtaí faoi lánseol sna dánta, bíonn an turas aonair fite fuaite leis an bhfonn, agus leis an bhfreagracht, aire a thabhairt don duine eile. Breathnaítear ar an bhfonn atá ar an gcailín óg fanacht siar sa dán *Cuairt ar an Sorcas*, fad is a chuirtear síos ar mhífhoighne a hUncail. Tagann an mhífhoighne seo i gcodarsnacht leis na capaill ar scáileán na pictiúrlainne a imíonn "ar cosa in airde". Fiú nuair a roghnaíonn duine tús áite a thabhairt do riachtanais an duine eile, bíonn impleachtaí i bhfad i gcéin leis an ngníomh aonair. Pléann *An Praghas* leis an éiric a leanann gach íobairt. In *An Daonchara*, caithfidh duine ar an ngannchuid cothromaíocht a bhaint amach idir a bunriachtanais féin a shásamh, agus tacú le daoine eile in am an ghátair. Is léir an chlisteacht atá ag an mbean teacht i dtír ar an bhfear a bhí ag gliúcaíocht ar a cuid eachtraí, ag samhlú bia agus beatha a thabhairt di. Baintear siar asainn nuair a chasann sí air, tar éis an bia a bhí bailithe aici a thabhairt do na páistí óga ocracha, agus nuair a deir sí go lom leis an bhfear *"Beidh an t-anraith sin agam anois"*.

Bíonn carachtair faoi cheangal ag caidrimh chasta freisin. Taispeánann *Dráma Deireadh Caidreamh* deacracht an phríomhcharachtair cothromaíocht a fháil idir "an grá atá agaibh dá chéile" agus "an gá do bhealach a dhéanamh sa saol." Murab ionann agus teideal an dáin, *Le linn Ré na Síochána*, is í an bhrúidiúlacht a bhaineann leis an gcinneadh dul isteach san airm, agus uirlisí troda a láimhseáil, atá pléite. Cuireann an bhean an milleán uirthi féin as gníomhartha marfacha an fhir. Sa dán *Ar Shráideanna na Cathrach*, téann bean eile i ngleic leis an gciontacht a bhraitheann sí as cásanna éagsúla a bhí faoi stiúir ag daoine eile. Críochnaíonn an dán leis an gceist an bhfuil sé in am an milleán sin "a pháirceáil ar shráideanna na cathrach?"

Ar an lámh eile, is é an ceangal le daoine eile a chothaíonn go leor de na carachtair. Sa dán *Ar an Trá*, treisítear an how they are intertwined. In *Family Life*, although we witness the scene of a contemporary family, echoes of the past are evoked and there is an affinity with previous generations during the Great Hunger. Commonality in the challenges that the characters face are to the fore throughout the collection, along with the ensuing role they take on, under certain circumstances. These roles are explored in a more nuanced way in the poem *The Stage Manager*, in which the manager and those who "inhabit characters other than themselves", adhere to a script they did not compose.

The passage of time provides some opportunity for personal change. The poem *In the Blink of an Eye* shows us how quickly life's direction can alter. Having "bled onto the sheet", it is understood that a new era has begun. In other poems, there is a reflection on changes that occur over a longer period of time. In *What Becomes of Desire?* there is an attempt to derive meaning, at different life stages, from feelings and emotions at the heart of human experience. *After the Concert* examines the passion that influences human behaviour at various ages, and the complicated way in which we deal with the consequences of decisions made in our romantic lives.

The aim of the character in *The History Lesson* is to "understand the living", and not to deny history. It appears as though that aim applies to the poems as a whole, and the forgotten people and unconsidered stories are examined. In the lack of attention paid to the girl's suffering in the poem *The White Board*, we understand how clues are often missed. We see how easy it is to ignore the young girl's plea spelled out on the white board. *On a Wet Night* also examines the prison of home, family responsibilities and more, which spur the desire to escape into the night. Once again it becomes obvious how easy it is to erase someone from memory. The need to keep a an ceangal idir an bhean agus glúnta de bhanoileánaigh a chruthaigh an bréidín atá á chaitheamh aici. Oibríonn meafar na fuála go héifeachtach le taispeáint an chaoi a bhfuil siad fite fuaite le chéile. In *Saol an Teaghlaigh*, cé gur radharc comhaimseartha de theaghlach atá ann, tá macallaí ar an am atá caite agus tuiscint do mhuintir an Drochshaoil. Léirítear trí na dánta uile an chomóntacht sna dúshláin a chuirtear os comhair na gcarachtar, agus an ról a ghlacann siad chucu, faoi chúinsí áirithe. Déantar iniúchadh ar na róil sin ar bhealach níos grinne sa dán, *An Bainisteoir Stáitse*, ina bhfuil an bainisteoir agus iad siúd atá "ag maireachtáil i gcarachtair nach iad féin iad", faoi stiúir na scripte nár chum siad féin.

Tugann an t- imeacht ama deis don duine athrú. In *I bhFaiteadh na Súl*, taispeántar a ghasta is a athraíonn cúrsaí an tsaoil. Tuigtear le "fuil curtha ar an mbraillín agam" go gcuirtear tús le ré nua. I ndánta eile, tá machnamh ar athruithe a thiteann amach thar thréimhse níos faide. In *Cad a Bhaineann don Mheanmarc?* déantar iarracht brí a bhaint as na mothúcháin atá de dhlúth agus d'inneach an duine, ag tréimhsí áirithe den saol. Pléann *Tar éis na Ceolchoirme* leis an bpaisean a imríonn tionchar ar iompar an duine ag aoiseanna éagsúla, agus an chaoi chasta a dtéimid i ngleic le hiarmhairtí cinnidh sa saol rómánsúil.

Is éard is aidhm leis an gcarachtar in *An Ceacht Staire* ná "iad atá beo beathach a thuiscint", is gan an stair a shéanadh. Is dócha go mbaineann an aidhm sin leis na dánta trí chéile, agus breathnaítear ar na daoine agus na scéalta a ndéantar dearmad orthu. San easpa airde atá tugtha ar chás an duine atá ag fulaingt sa dán *An Clár Bán*, feictear nach leor nod don eolach. Feictear a éasca is atá sé fáil réidh leis an impí atá scríofa ag gcailín óg ar an gclár bán. Féachann *Ar Oíche Fhliuch* freisin ar ghéibheann an bhaile, cúraimí clainne agus eile, a spreagann an dúil éalú san oíche. Feictear arís, a éasca is atá sé duine a ghlanadh ó

child's memory alive is returned to in the poem *Their Names*, by registering that child's name on the only canvas available.

The same themes are revisited over and over in the collection, albeit in varying settings, time periods and characters. Throughout this iterative journey, different versions of the truth are examined. In the poem *At the Wake*, the gossip, or the other version of the story, is heard but we remain unaware of the whole truth, even though the man has passed away. Even in the poem entitled *The Truth*, we are shown that not everything is as it seems. Just like the girl in the poem *Colours*, who watches a black and white film but sees colours breaking through the screen, something new emerges on each new reading of the poems from this collection, and it is up to the reader to piece together the mosaic of these grains of truth. During these dark days in which we live, where war features on every news bulletin, this collection of poems is a decisive and bold response to all that is unfolding in the contemporary world.

chuimhne. Filltear ar an ngá le cuimhne ar pháiste a choinneáil beo sa dán *A nAinmneacha* trí ainm an pháiste sin a chlárú ar an t-aon chanbhás amháin atá ar fáil.

Tagtar ar na téamaí céanna arís is arís eile sa chnuasach, cé go bhfuil suíomh, am agus carachtair nua ann. Tríd an turas atrialach seo, cíortar leaganacha éagsúla den fhírinne. Sa dán *Ag an Tórramh*, cloistear an chúlchaint, nó an scéal eile, agus ní fios dúinn an fhírinne ghlan, cé go bhfuil an fear imithe ar shlí na fírinne. Fiú sa dán leis an teideal *An Fhírinne*, taispeántar "nach mar a shíltear a bhítear". Ar nós an chailín sa dán *Dathanna*, a bhreathnaíonn ar scannán dubh agus bán, ach a fheiceann dathanna ag gobadh amach ón scáileán, nuair a fhilltear ar na dánta sa chnuasach, preabann rud nua amach, agus is faoin léitheoir atá sé mósáic na mblúiríní fírinne a chruinniú le chéile. Sna laethanta duairce ina mairimid, ina mbíonn cúrsaí cogaíochta á ríomh ar gach feasachán nuachta, is freagra teanntásach é an cnuasach dánta seo ar a bhfuil ag tarlú sa domhan san am i láthair.

ACKNOWLEDGEMENTS

Thanks to members of WEB Writers' Group, in particular Catherine Dunne and Lia Mills, who advised on the English translations of some of the poems in this collection.

'An Crúiscín' was first published in *Aneas* (no. 2), editor Simon Ó Faoláin and subsequently in *Aoi ag Bord na Teanga* (*Leabhair*COMHAR, 2022).

'Drama of a Breakup : Dráma Deireadh Caidrimh' was first published in *Romance Options: Love Poems for Today* (Dedalus Press, 2022) edited by Leeanne Quinn and Joseph Woods; 'Dráma Deireadh Caidrimh' was subsequently published in *Aoi ag Bord na Teanga*.

'In Absentia : In Absentia' was published in *Loch Raven Review*, volume 19. no. 2, 2023.

'What Becomes of Desire : Céard a Bhaineann don Meanmarc' was first published in *Loch Raven Review*, volume 19, no. 2, 2023.

ADMHÁLACHA

Mile buíochas le Claire Dunne a scríobh an t-iarfhocal, a rinne an chóipeagarthóireacht is a chuir comhairle orm faoi na dánta sa chnuasach seo.

Foilsíodh 'An Crúiscín' in *Aneas* (uimhir 2), eagarthóir Simon Ó Faoláin, den chéad uair agus, ina dhiaidh sin in *Aoi ag Bord na Teanga* (*Leabhair*COMHAR, 2022).

Foilsíodh 'Drama of a Breakup : Dráma Deireadh Caidrimh' in *Romance Options: Love Poems for Today* (Dedalus Press, 2022), eagarthóirí Leeanne Quinn agus Joseph Woods, den chéad uair; foilsíodh 'Dráma Deireadh Caidrimh' ina dhiaidh sin in *Aoi ag Bord na Teanga*.

Foilsíodh 'In Absentia : In Absentia' in *Loch Raven Review*, imleabhar19, uimhir 2, 2023.

Foilsíodh 'What Becomes of Desire : Céard a Bhaineann don Meanmarc' in *Loch Raven Review*, imleabhar 19, uimhir 2, 2023.

Scríobhann Celia de Fréine in iliomad seánraí i nGaeilge agus i mBéarla. Rugadh i mBaile Nua na hArda í agus caitheann sí seal den bhliain i mBaile Átha Cliath agus seal i gConamara. I measc na ngradam atá buaite aici dá cuid filíochta tá Duais Patrick Kavanagh (1994) agus Gradam Litríochta Chló Iar-Chonnacht (2004). Tá go leor duaiseanna buaite ag a cuid drámaí a ndéantar staidéar orthu i scoileanna agus in ollscoileanna. Bhuaigh a scripteanna scannáin agus teilifíse duaiseanna in Éirinn agus i Meiriceá. Ainmníodh *Ceannródaí* (*Leabhair*COMHAR, 2018), a beathaisnéis de Luíse Ghabhánach Ní Dhufaigh ar an ngearrliosta do Dhuais Love Leabhar Gaeilge, An Post Irish Book Awards (2018) agus do Ghradam Uí Shúilleabháin (2019). Bhuaigh sí ACIS Duais Leabhar Taighde na Bliana (2019). Ainmníodh a scéinséir *Cur i gCéill* (*Leabhair*COMHAR, 2019) ar an ngearrliosta do Dhuais Love Leabhar Gaeilge, An Post Irish Book Awards 2020; in 2022 ainmníodh a húrscéal don aos óg *An Dara Rogha* (*Leabhair*COMHAR, 2021) ar an ngearrliosta don ghradam céanna.

Celia de Fréine writes in many genres in both Irish and English. She was born in Newtownards and now divides her time between Dublin and Connemara. Awards for her poetry include the Patrick Kavanagh Award (1994) and Gradam Litríochta Chló Iar-Chonnacht (2004). Her plays have won numerous awards and are taught in schools and universities. Her film and televison scripts have won awards in Ireland and America. *Ceannródaí*, her biography of Louise Gavan Duffy (*Leabhair*COMHAR, 2018) was shortlisted for Love Leabhar Gaeilge, An Post Irish Book Awards (2018) and for Gradam Uí Shúilleabháin (2019). It won the ACIS Duais Leabhar Taighde na Bliana (2019). Her thriller *Cur i gCéill* (*Leabhair*COMHAR, 2019) was shortlisted for Love Leabhar Gaeilge, An Post Irish Book Awards (2020); in 2022 *An Dara Rogha,* her young adult novel (*Leabhair*COMHAR, 2021) was shortlisted for the same award.